I0166391

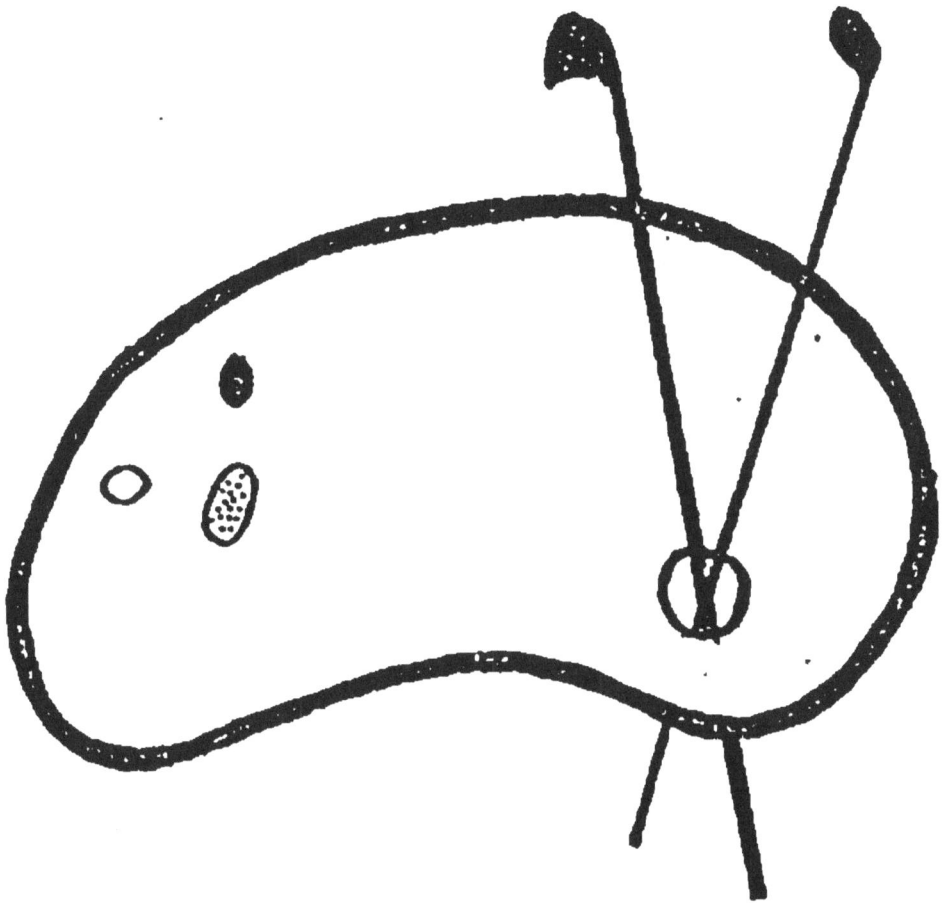

DEBUT D'UNE SERIE DE DOCUMENTS
EN COULEUR

8°R
23837

DÉPÔT LÉGAL
Haute-Savoie
N° 169
1910

UN

COUP de FOUDRE

DANS

L'OBSCURANTISME

OU

Manuscrit des Révélations de Dieu

CONTRE

SATAN

Opérant l'Avènement de la Délivrance

de notre Ignorance dans le Domaine des Secrets

de la Vie éternelle

❋

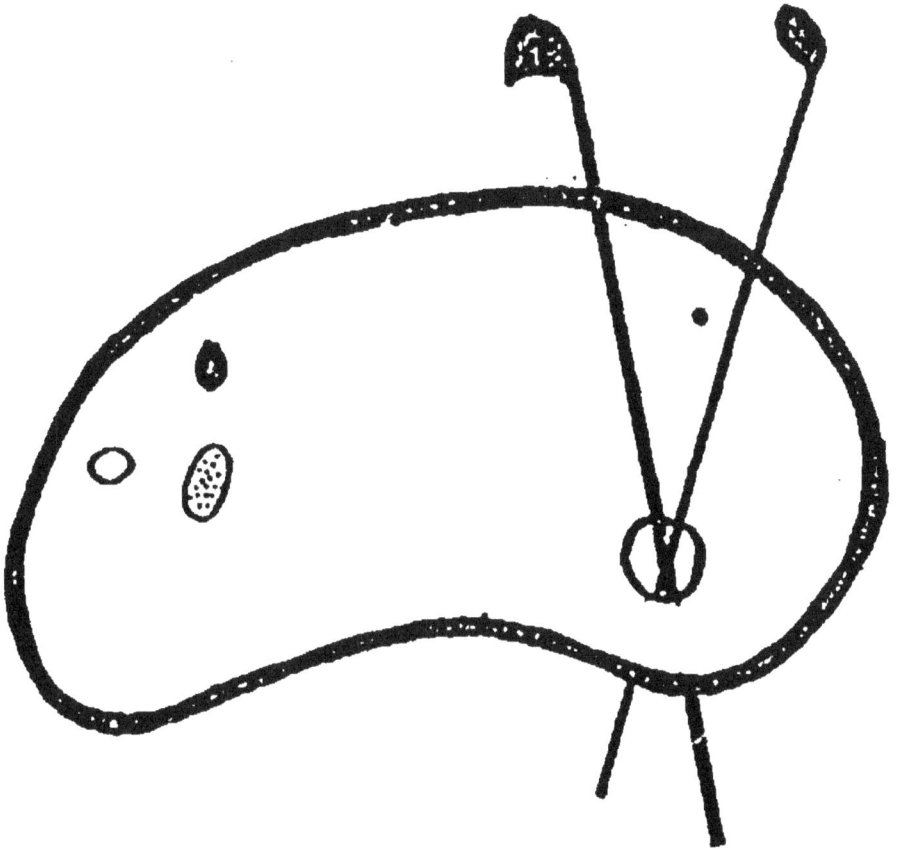

FIN D'UNE SERIE DE DOCUMENTS
EN COULEUR

UN

COUP de FOUDRE

DANS

L'OBSCURANTISME

OU

Manuscrit des Révélations de Dieu

CONTRE

SATAN

Opérant l'Avènement de la Délivrance

de notre Ignorance dans le Domaine des Secrets

de la Vie éternelle

8°R

23837

✳

UN COUP DE FOUDRE

DANS

L'OBSCURANTISME

OU

MANUSCRIT DES RÉVÉLATIONS DE DIEU

CONTRE

SATAN

Opérant l'Avènement de la Délivrance
de notre Ignorance dans le Domaine des Secrets
de la Vie éternelle

———

PHILOSOPHIE

ORIGINE DES SUBSTANCES
DES MATIÈRES PREMIÈRES QUI COMPOSENT
LE NÉANT DE L'UNIVERS.
ORIGINE DES SUBSTANCES TERRESTRES
COMME CÉLESTES

UN NOUVEAU GÉNIE ET UNE NOUVELLE ÉTOILE
VIENNENT D'ÉCLORE DANS LE CIEL ET SUR LA TERRE
SOLUTIONNANT TOUTES LES ÉNIGMES ET TOUTES
LES FABLES DE L'UNIVERS.

SCIENCE DU SURNATUREL.

Car c'est à yeux fermés que nous pourrons
voir clair dans les ténèbres de l'éternité, ténèbres
mis à la portée des savants comme des ignorants,

soumis à l'examen et à l'usage des Ministères de
l'Instruction Publique, comme des Affaires Étrangères, sous la diligence des Académies des sciences
morales et politiques, astronomiques et microscopiques, pour qu'il en soit délivré un exemplaire
à chacun, dans toutes les Mairies, Instituteurs,
Institutrices, par autant d'exemplaires qu'il y a
d'élèves à instruire et à éclairer dans la délivrance
des croyances occultes et surnaturelles qui ont
opprimé et déprimé nos cerveaux, opèrent la
purification des esprits et la délivrance des
consciences pour sauver les patries et la postérité.

Reproduction et traduction réservées.

———

Ce manuscrit conscientifique des secrets de la
nature et de l'univers ne sera édité qu'en autant
d'exemplaires qu'il y aura de souscripteurs faits
par avance avec le prix versé dans chaque Mairie
et chez les éditeurs.

L'histoire et le nom de l'auteur de ce travail
ne seront connus qu'au moment où cet exemplaire sera dans toutes les mains françaises et
étrangères.

Son histoire et son nom seront justifiés par

les marques de trois fois assassiné et une fois rôti, délivré après épuisement des premières éditions.

PHILOSOPHIE.

La clef du ciel, les secrets de la vie éternelle opèrent la dissolution de la mentalité de notre asile d'aliénés.

Rien n'est prétentieux, rien n'est hypothétique, rien n'est imaginaire; tout est raisonnable, matériel, palpable et positif.

MAXIME.

Le mensonge dans le système religieux, fait déraisonner toutes les croyances en Dieu.

Tous les cultes ne sont occultes que parce que l'ignorance en est le culte.

La pensée libre c'est la raison libre.

Dans l'ordre universel, quand une chose matérielle n'est pas à sa place rien n'est à sa place et quelle que soit la durée d'une vitalité, c'est comme si elle n'avait jamais existé quand elle a

fini de durer, c'est sa dissolution qui fait sa résurrection..

Unité de culte, unité de conscience ou de
connaissance.

Unité d'instruction par les connaissances de
la religion unique et universelle de la raison et de
la science de la conscience dépouillée de toutes
les obscurités de son ignorance et de ses erreurs;
voilà ce qu'il faut pour détruire les divisions des
individus, des peuples, de toutes les nations, c'est
ce que je vais établir.

L'origine des origines de la matière première
des terres c'est la matière du néant, c'est le néant
qui est la divinité des divinités, c'est la fermentation qui fait le travail de la création sans inter-
ruption et sans ordre ni désordre.

C'est la fermentation qui tire la matière première de son néant.

C'est la fermentation qui matérialise toutes les
espèces du néant, et qui les retourne au néant
après les avoir distillées.

C'est la fermentation qui pétrifie l'air et les
airs qui remplissent l'univers mais maintenus à
l'état liquide par l'action du soleil, car le vide
c'est du plein et le plein c'est de la terre en
liquide dont les planètes ou étoiles mortes ne

sont que des terres en état de dissolution par
l'action de la fermentation centrale et superficielle
du soleil depuis la région de leur formation, hors
de la portée de l'influence du soleil et dont le
néant cesse d'être liquide par l'absence de l'influence du soleil qui laisse agir la fermentation
dans ces océans en putréfaction dont la fermentation engendre la végétation céleste qui commence
en globules congelés et finit en lumière étoilée
qui porte sa dernière nuance de gaz lumineux
congelé sur ses premières couches intérieures qui
se sont pétrifiées par la couverture de nouvelles
couches qui les ont empêché de respirer et dont
nous retrouvons les anneaux de leur formation
en couches sur couches dans les anneaux de notre
planète en décomposition par l'action de la fermentation centrale et superficielle qui a volcanisé,
soulevé, boursouflé, convulsé et mis en état de
ruine pour nous montrer ses entrailles et le noyau
de sa formation.

Qui peut nous permettre de savoir combien
de temps notre terre a mis pour se former, se
développer et tomber en ruine, en un mot comment peut-on voir et savoir combien de temps
elle a vécu, c'est par la durée de sa formation que
nous pouvons comprendre la durée de sa dissolu-

tion car la terre est maintenant un peu plus
d'à moitié chemin de sa destination et il y a à peu
près cent mille ans (1).

Elle fait un peu plus de trois mille lieues dans
chaque vingt-quatre heures dans la direction du
soleil qui fait le vide et qui est le centre du vide,
ou du moins le *centre du liquide*, c'est le soleil qui
met le néant à l'état liquide, c'est le soleil qui est
le centre du vide vers lequel toutes les étoiles
mortes se précipitent et y entrent comme des
morceaux de charbon pour continuer sa combustion et sa distillation qui fond, dissout et retourne
toutes les matières premières à leur état primitif,
jusqu'à ce qu'elles soient refluées dans les sphères
de la fermentation par le reflux des arrivations,
mais nous avons encore plus de cinquante mille
ans à être la marmite du soleil avant d'être sa
combustion pour continuer son alimentation,

---

(1) Ces cent mille ans d'évolutions, rotations ou tourbillons de la durée actuelle représentent près de trois cent
mille ans de durée des premiers mouvements du départ
des régions célestes, mouvements qui sont devenus toujours plus rapides jusqu'à nos jours, de sorte que sera
parcourue en cinquante mille ans la distance qui a été
faite en trois cent mille.

mais alors la terre sera complètement nue, propre et jolie comme la lune qui aujourd'hui ne produit plus rien pas même une fourmi car il y a plus de dix mille ans qu'il n'y a plus que sable et rochers (qui deviendra comme après l'usure de notre terre) le feu sans fumée du soleil qui est un feu de pierre parce que c'est un feu de fermentation, c'est donc la fermentation qui est cause et effet de l'existence de l'univers, qui est cause et effet de sa formation et de sa dissolution, qui est cause et effet de la vie et de la mort des planètes comme des individus, qui est cause et effet de la *végétation céleste comme* de la *végétation terrestre, animale comme végétale* chargée par l'action de la fermentation du soleil de laver, de distiller la pourriture autour du cadavre de la terre pendant que son enveloppe est en état de produire de la végétation par son état de décomposition : voilà la vie, l'origine et la composition de la terre dont nous n'en sommes que la poussière; la terre elle-même n'est qu'un grain de sable dans l'univers qui remue l'air dans son parcours, forme les vents, les bourrasques et les tempêtes avec les milliards de millions d'autres grains de sable pareils qui se précipitent plus ou moins vite dans le vide de cette destination du soleil selon l'état de grosseur de

chacune de ces planètes, car les plus petites, les
bolides ou les aérolithes arrivent plus vite à la
même destination que les grosses, parce qu'elles
voyagent sans tourbillons et qu'elles s'enfoncent
dans les terres ou planètes qu'elles rencontrent
où qu'elles attrapent parce qu'elles n'ont pas le
retard des grands remous du déplacement des
airs des grosses orbites.

La vitesse de chaque grain de terre vers la
direction du soleil n'est égale que pour les mêmes
grosseurs et c'est pour cela que les fétus du ciel
sont quelquefois fratricides des étoiles qui devien-
nent filantes après ce choc mais dont il n'y a que
le gaz lumineux de son enveloppe qui file comme
un éclair, tout en laissant la matière de l'orbite
en place; et les difformités de la végétation céleste
s'expliquent par des accidents de même nature
produits par la mort prématurée des fétus du ciel
qui tombent, rencontrent ou attrapent celles qui
sont encore en place, qui leur causent des difformités ou des infirmités dans la déchirure des gaz
lumineux qui les enveloppent, qui rendent ces
astres plus ou moins lumineux ou visibles selon
qu'ils sont plus ou moins éloignés de nous par
leur état de grosseur ou de rapprochement.

Ces miriades de points lumineux contenus

hors de la portée de l'influence du soleil, restent
dans leur sphère qui leur sert d'alimentation jusqu'au moment où leur trop gros développement
cause leur mort après avoir causé leur déplacement, et les rejette hors du lit de leur naissance.

C'est l'état congelé et caillé dont la fermentation fait naître ces points lumineux dans les
espaces éloignés qui ne sont pas vivifiés par l'action du soleil, et entre lesquels les espaces neutres
livrés à la fermentation sont aussi invisibles
qu'infinis.

Cet espace infini empêche les rayons solaires
de s'apercevoir les uns les autres même avec les
plus gros télescopes braqués entre les deux ou
entre eux; c'est dans ces régions que les étoiles
sont en formation par l'action de la fermentation
dans la matière première des terres en liquide qui
les remplissent et qui redeviennent pétrifiées à
mesure que le soleil cesse de les retenir à l'état
liquide et qui redeviennent morceaux de charbon
du soleil dans deux, trois cent mille ans après
leur mort ou après avoir été étoiles, après avoir
été deux ou trois cent mille ans en état de crois-
sance.

Le soleil est donc le centre du néant liquide
ou le centre des matières fondues, comme aussi

le centre du néant matériel qui est maintenu en
place par son état de chaleur, qui sont celles qui
touchent à toutes les extrémités matérielles qui
l'empêchent d'en arrêter aucune ni de se reposer
sur aucune; ce sont les matières de sa distillation
qui empêchent sa navigation, car s'il changeait
de place il entraînerait avec lui toute l'existence
de son influence sans que rien ne puisse changer
de placé ni s'apercevoir de sa navigation; ce
serait un monstre de grosseur qui serait trop
monstre pour qu'il puisse se mouvoir surtout
qu'il est inconscient de sa vitalité comme de sa
matérialité; il existe des milliards de millions
d'autres soleils pareils au nôtre avec le même
système d'alimentation et de dissolution qui
forme la vie éternelle de ces monstres dont la
végétation céleste les laisse au centre de leur
action qui est le centre de leur évolution en tourbillons de milliards de millions de planètes
vivantes et mortes qui existent entre les systèmes
solaires qui sont toutes de même essence, de
même force et de même nature qui empêche
qu'elles puissent se voir, se concevoir, se toucher
et encore moins naviguer les unes sur les autres :
voilà l'origine de la vie et de la matière première
des monstres du néant qui sont l'origine de la

matière première de la terre et des terres, qui est l'œuf de toutes les végétations animales comme fourragères ou forestières ou fruitières, qui contient sa vitalité comme sa mortalité, car les cieux, les astres et les terres ont leur origine de rajeunissement comme les enfants de nos premiers parents.

Tout vit, tout se forme, tout se transforme en vitalité et en mortalité dans le néant du fumier. C'est la mort d'une chose qui devient la vie de plusieurs autres choses, c'est la mort des uns qui forme et alimente la vie des autres, car tout est terre, tout est poussière, tout est fumier, il n'y a pas de premières vitalités, il n'y a que de dernières mortalités qui ont leur origine dans la dissolution des autres origines et c'est la fermentation qui en est la vitalité, qui en est l'originalité, voilà notre divinité, voilà notre *âme palpabilisée et immortalisée, mais non créaturée pour l'avoir à sauver après l'avoir réprouvée,* car la *vérité* morale et matérielle existe de *toute éternité,* sans que rien ni *personne puisse l'avoir créée ni imaginée* et encore moins dogmatisée, ni surnaturalisée.

Il n'y a que la fausseté qui a besoin de cela pour avoir le nom d'être la vérité, il n'y a que les parjures qui prennent le nom de Dieu à témoin

pour faire croire qu'ils ne sont pas de faux
témoins, il n'y a que ce qui n'existe pas qui reste
invisible mais puisse être imaginé pour le dogmatiser, mais cela n'a aucune portée dans le domaine de la perversité, voilà l'évangile de notre
divinité qui est en tous points conforme à toutes
les paternités, à toutes les maternités et à toutes
les originalités.

L'histoire de la vie de la terre, de sa formation,
de sa dislocation, de sa dissolution, de son origine, de sa nature, de sa composition, de sa direction, de sa cause et de ses effets qui régissent l'ordre du ciel et de la terre est absolument la même
que pour les autres terres vivantes ou mortes, lu-
mineuses ou terreuses qui se forment et naviguent
dans le néant, pour devenir à nouveau des morceaux de charbon qui entrent dans le soleil pour
dissoudre leur pétrification ou leur matérialisa-
tion en les retournant à leur état primitif.

Le nombre des terres et des soleils est infini,
l'ordre et la distance qui les engendrent sont
infinis, ils sont régis par la cause qui les a fait
naître, nous pourrons le comprendre et le voir, le
sentir mais non le calculer, car l'infini a son
milieu partout et son extrémité nulle part, et en
tout et partout il y a les mêmes causes et les

mêmes effets; chaque cause et chaque effet revient toujours à son auteur, comme les étoiles du ciel à leur soleil qui retourne au néant ce qu'il a fait ou laissé sortir du néant, dont les soleils eux-mêmes ont été tirés par la cause de la fermentation, sortis d'un monticule de matières terrestres pétrifiées et enflammées par la fermentation éteinte par faute de combustibles ou par la force même de son résidu.

Un soleil peut donc s'éteindre, mais il serait réallumé plusieurs millions d'années après par les terres de toutes les directions qui étaient en route vers cette destination, qui se sont amoncelées à sa place sans être dissoutes à mesure de leur arrivée; le refroidissement de tous ces monticules rencontrés et réunis laisse à nouveau produire la fermentation qui commence par être volcanique et finit par rester soleil quand toutes ces matières éteintes sont en flammes pour dissoudre et distiller à nouveau sans retard toutes les terres qui continuent de lui arriver comme des morceaux de charbon pour permettre au liquide obtenu par cette dissolution d'être reflué dans la région des étoiles et redevenir leurs matières premières après en avoir été la distillation comme résidu, comme vitalité, comme mortalité et

comme origine et dont nous ne sommes nous-
mêmes que le résidu de sa matérialité, formés par
la dissolution de son évaporation.

Tout est donc naturel, rien n'est surnaturel,
voilà les jalons de la raison, *voilà l'âme* de la *vie
éternelle*, voilà les *secrets* de la *nature*, *tirés dans*
les *secrets de la clef du ciel*, car tous les secrets
célestes comme terrestres, végétaux comme animaux, sont formés sur les mêmes principes de la
fermentation intérieure d'abord et extérieure ensuite pour devenir la sève, la fleur et le fruit du
sang qui cherche à se rajeunir dans son fécondant
qui est l'élément et l'aliment de sa nature ; tout ce
qui sort du soleil retourne au soleil, tout ce qui
sort de la terre retourne à la terre, rien n'échappe
au soleil, rien n'échappe à la terre, tout ce qui
sort de l'un ou de l'autre retourne à l'un ou à
l'autre pour fertiliser l'un comme l'autre, qui est
la substance de leur alimentation, qui a d'abord
été la substance de leur formation.

La terre se trouve donc être la matière première de tous les grains et graines des œufs que
la fermentation superficielle du soleil fait éclore.
c'est sa distillerie qui se décompose en toutes
catégories de plantes végétales d'abord et animales ensuite dont le *soleil en est le premier père*

comme la *ter   en est le pre   re mère*, voilà l'origine et la virginité de nos premiers parents qui
n'ont jamais eu *d'âme à sauver*, ni de *péchés origi-
nels à purifier* ni de *bon Dieu à invoquer*, ni de *sauveurs à glorifier*, puisque tous deux sont *fertiles
sans savoir qu'ils sont fertilisables*, ils *ignorent leur
paternité* et *leur maternité, leur supériorité* et *leur
existence* qui sont formés des effets de la *décomposition de leur néant* et notre *décomposition forme* la
composition de leur *rajeunissement.*

COUP D'ŒIL SCIENTIFIQUE.

Toutes les planètes ou étoiles microscopiques,
invisibles ou visibles sont terrestres, leur évolution ne se produit que bien longtemps après leur
formation qui ne commence qu'après le   mortali-
lité; cette évolution ne devient tournante, bascu-
lante et rotative qu'au moment où elle perd le
contact de son alimentation, qu'au moment où
elle cesse d'être attachée aux aliments de sa vitalité réunis dans tous ces gaz congelés, lumineux
et transparents de son enveloppe qui commence
à tomber en pourriture aussitôt après qu'ils sont

éteints, chose qui la laisse mettre en marche;
tomber en ruine et déverser du côté du vide.

Cette marche devient de plus en plus rapide à
mesure que le vide devient de plus en plus limpide, mais avant de se trouver dégagée des marais
de la végétation céleste dans lesquels les corps se
roulent lentement et péniblement pour en sortir,
il se produit bien des mille ans dont chacun est à
peu près long comme dix années de nos jours.
Car il faut au moins la durée de dix mille jours
pour faire trois mille lieues et en tournant sur
elle-même selon ia grosseur du monstre qui est
mis en marche par l'action du vide qui est de plus
en plus liquide et limpide à mesure qu'il se rapproche de la destination du soleil qui est le centre
du vide dont le rapprochement fait augmenter la
vitesse terrestre de toutes les étoiles ou planètes
mortes qui augmentent à mesure qu'elles s'en
rapprochent pour y entrer comme des morceaux
de charbon pour y être enflammées, distillées et
fondues et retournées en liquide à leur état primitif, centre vers lequel toutes les végétations célestes en décomposition se précipitent plus ou
moins vite selon le tourbillon de leur grosseur
dont le volume des grosses terres empêche leur
grande vitesse par le trop gros flux du déplace-

ment des airs, chose qui permet aux petites de
s'arrêter dans leur tourbillon pour en devenir satellites absolument comme notre lune pour notre
terre, qui ne peut plus ni s'éloigner ni se rappro-
cher de nous (1). La marche des fétus du ciel est
trop rapide et trop petite pour s'arrêter en satellites dans les tourbillons des gros volumes qu'ils
attrapent et ils s'arrêtent par le choc qui termine
leur marche dans la pénétration des gros volumes; notre terre en a reçu quelques-uns sous le
nom de bolides ou d'aérolithes qui n'ont été et ne
sont que le noyau des planètes en formation,
mais tombé prématurément en décomposition;
c'est donc cette marche de tous les points de lumière vers la direction du soleil avec leurs tour-
nants et leurs balancements qui causent les per-
turbations atmosphériques qui sont faussement
attribuées à la *vengeance des Dieux, car Dieu
n'existe pas;* c'est notre *ignorance qui a fabriqué
son nom,* il n'a donc rien créé ni rien imaginé;
c'est simplement *son nom qui remplace son exis-*

---

(1) Il y a nécessairement beaucoup de gros volumes
terrestres qui ont été rejoint par ces plus petites grosseurs
qui en sont devenus des satellites et forment à ces orbites
plusieurs satellites ou plusieurs lunes comme la nôtre.

*lence, comme aussi c'est son nom qui a remplacé
celui de notre ignorance, nom qui a aussi remplacé
les pouvoirs et les vertus de la science;* c'est donc
en vertu de ce nom que tous les « c'est ma faute »
se croient savants; un habit de masque suffit
pour représenter le nom de leur science ou plutôt
de leur *démence* dont le *fils de Dieu* lui-même ne
connaissait pas *les confins*, ni l'origine, puisqu'il
ne connaissait pas même les confins ni *l'origine
de son royaume,* puisqu'il ne connaissait pas
même l'origine ni la race des nègres, dont il n'a
pas pu avoir la prétention d'être le *créateur,* le
rédempteur, ni le sauveur; ça n'était donc *qu'un
imposteur populaire,* sentimental qui a *illustré la
mendicité, l'escamotage et le vagabondage;* dont lui-
même et ses disciples connaissaient seuls la perfidie et qui de parfaits divins nous a faits parfaits
crétins, qui justifie la maxime ou le paradoxe qui
nous dit : « Heureux les pauvres d'esprit, parce
que le royaume des cieux est à eux »; c'est assez
dire que ce royaume n'est peuplé que d'imbéciles
avec des moutards et des criminels repentis
fondés sur une institution satanique qui a substi-
tué les secrets de l'ignorance aux secrets de la vie
éternelle surnommée Dieu à qui on a fait endosser
la responsabilité des actes de tous les imposteurs,

mais dont le circuit des effets par leur cause les ramènera à leur hauteur; car c'est *la clef du ciel qui nous livre les secrets de leur ignorance, de leur inconscience et de leur malice* qui se trouve dans les *secrets des étoiles mortes comme la nôtre* enveloppée de pourritures grouillantes et puantes qu'alimente notre vitalité qui ont toutes leurs divinités, qui ont toujours en tout et partout pris la forme de notre *ignorance*, qui remplace en tout et partout l'imposture de leur inconscience; mais les mœurs et les sentiments des êtres supérieurs se transforment et se purifient dans la perfection croissante de la chaleur : la succession des *causes par leurs effets produit toujours des êtres plus parfaits et quelqu'en* soit la forme variable à l'infini, le principe animal et végétal est toujours le même partout et pour toutes *les terres et pour toutes les espèces;* tout est donc alimentaire, tout est estomacal et c'est du résidu de chaque chose que toutes les choses se transforment et se rajeunissent dans une nouvelle vie de forme nouvelle.

Tous les dieux sont donc fabriqués à l'image des glorificateurs qui n'aspirent qu'à être glorifiés en leurs noms pour avoir notre *procuration* avec honneur et profit sans peines à nos dépends pour nous détacher des biens de ce monde en échange

de ceux qui ne *sont pas de ce monde*, pour prix de
leur comédie et à cette *escroquerie* ils ont donné
le nom de *Philosophie* et rendu le nom de Dieu
partout complice et responsable envers leurs œuvres; ce sont des satans et non pas des savants
qui ne représentent que la *concupiscence de la philosophie du malheur.*

Maintenant revenons à l'origine des origines
célestes comme terrestres, dans l'origine du néant
matériel et invisible, palpable et impalpable, qui
commence et finit autour de nous, nous ne
sommes qu'une partie de la matière en distillation
qui opère notre transformation par l'organe de
l'origine de la nature afin de retrouver la tache de
notre péché originel et de la date du déluge universel dans la composition de l'origine de la matière première qui est l'auteur de toutes les origines.

D'abord notre boule de terre composée des
matières premières en liquide contenues dans les
airs, mais pétrifiées par couches sur couches successives de différentes couleurs et différentes
épaisseurs, selon l'abondance des mêmes matières
qui se trouvent en liquide dans les airs, liquide
pétrifié de différentes qualités qui se neutralisent
les unes par les autres, mais se trouvent ana-

lysées, dans la composition des couches de la
terre qui éclatent ou qui ont éclaté, forment les
volcans engendrés par la fermentation centrale
qui ouvre à notre vue les entrailles de la terre
depuis la pointe des montagnes jusqu'aux pro-
fondeurs des mers et si les couches sont boule-
versées c'est la fermentation centrale qui les a
soulevées et convulsées, disloquées et partout mis
en état de ruines. Donc pour analyser les airs
nous n'avons besoin que d'analyser les couches
pétrifiées de la terre, ce qui en même temps nous
fera connaître la durée de sa formation par le
nombre des couches qui forment son épaisseur,
absolument comme sur un arbre où l'on compte
les anneaux pour connaître son âge et aussi pour
en connaître la ou les propriétés, qualités ou vertus. Et c'est la végétation terrestre qui commence
par faire cette analyse par la décomposition de ce
qui en est l'élément et l'aliment.

Chaque plante en retire la saveur et le sucre
de sa vertu pour alimenter toutes les animalités
qui sont herbivores, fructivores et carnivores,
mais qui commencent par être microbicides, car
notre terre elle-même n'a commencé que par la
fermentation d'un microbe enfanté dans les phénomènes de la fermentation des airs tombés en

putréfaction par l'insuffisance du retenu à l'état
liquide épuré par l'absence des rayons du soleil
qui laissent agir la fermentation à sa place dont
les miriades de millions d'étoiles en formation
microbique grouillent entre les espaces neutres
qui existent entre les soleils, qui ne s'aperçoivent
pas entre eux, car si le nombre des étoiles peut
être compté, le nombre des soleils est infini, on
ne peut pas les imaginer ni les compter; mais
cela n'a aucune portée, sachant que le système de
leur existence est tout à fait semblable au nôtre,
car partout les mêmes causes produisent les
mêmes effets, partout la matière première du
néant se transforme en vitalité, partout le génie
inconscient de la fermentation, opère la même
création, dont les pères soleils eux-mêmes sont
inconscients, la végétation céleste qui les retient
dans son centre empêche qu'ils puissent se heur-
ter les uns contre les autres. L'effet de leur cause
est inconscient et rien ne reçoit ni ordre, ni con-
tre-ordre, la matière agit seule en aveugle, sans
se tromper et sans calculer, dans le ciel comme
sur la terre : c'est le flux des uns qui fait le reflux
des autres.

Tout est mobile, rien n'est immobile dans
l'éternité, dans la vie comme dans le repos in-

conscient du néant, dont nous faisons partie sans le voir ni le savoir, qui est composé de toutes les matières à l'état liquide mais mises en mouvement par le trafic des matières célestes non fondues qui grouillent et se précipitent dans la direction de leur soleil.

Rien ne se forme de rien et dans rien, tout est tour à tour palpable et impalpable, visible et invisible, matériel et immatériel, sensible et insensible, conscient et inconscient, mobile et immobile, terrestre et céleste, croissant et décroissant, formation et décomposition, rien n'est inerte, tout est mobile, tout est vital dans l'ordre naturel de la cause par leurs effets, qui fait dépendre chaque chose les unes des autres, sans qu'il y en ait aucune qui prévalent les unes sur les autres; chaque chose a sa place, son utilité et sa fertilité dans les feuillages de l'arbre universel dont les branches sont tournées vers les rayons du soleil, chargées de pommes d'or qui se renouvellent sans cesse et remplacent celles qui tombées en pourriture dans les marais de sa végétation; l'épaisseur du liquide qui les a nourries les relient dans une lente navigation dans ce liquide congelé, figé, caillé et refroidi, hors portée de l'influence du soleil qui empêche que la vitesse de ces pommes d'or mortes après maturité soit bien grande.

Vitesse roulante et rotative qui augmente insensiblement à mesure qu'ils sentent la direction du plus liquide, qui est la force d'attraction, qui les met en mouvement vers le vide du soleil qui est le côté qui devient de plus en plus liquide à mesure qu'il devient plus visible, mais dont les premiers mouvements roulant ou tournant sur le vide sont lents, pénibles, car ils mettent au moins la durée de dix mille ans pour sortir de leur première vaseline ou gazeline qui fait la dernière enveloppe lumineuse de ces étoiles qui tombent en pourriture fermentescible qui ont engendrées les premières végétations sur les surfaces qui étaient primitivement unies, formant ainsi un marais végétal stagnant et grouillant autour de notre planète qui parvenait à peine à faire un tour de rotation sur elle-même et une marche de trois à quatre mille lieues dans la durée de dix années de notre temps, mais divisées en 365 balancements qui forment aujourd'hui les saisons, les jours et les nuits, mais qui alors étaient à peine perceptibles, aussitôt que le soleil a été visible et sensible, mais qui étaient éclairés à la place par les points lumineux des étoiles; la

chaufferie du soleil y était encore inconnue dans
ces régions où il ne pleuvait jamais parce que ces
marais n'étaient pas évaporés ni distillés par l'action du soleil pour retomber en pluie comme cela
se fait de nos jours.

Les temps primitifs ont donc vécu plusieurs
milliers d'années sans soleil et sans pluie, sans
hiver et sans été, sans jour et sans nuit, mais
simplement dans un état d'aurore boréal atmosphérique qui laissait agir la fermentation centrale
et superficielle marécageuse microbique à mesure
que les marais se clarifiaient par le repos de la
décomposition et par la pénétration de l'influence
du soleil qui commençait à en faire l'évaporation
qui a commencé à retomber en pluie par périodes
de trois ou quatre années sans discontinuer et
par autant de durée sans pluie, car l'eau ne retombe en pluie qu'après son évaporation par le
soleil et les premières évaporations ont été lentes
et continuelles par des chaleurs éloignées, lentes
et continuelles qui ont produit des pluies continuelles et des sécheresses pareilles, selon l'état
d'avancement de distillation de l'enveloppe des
étoiles mortes tombées en déconfiture.

Les déluges universels ont donc commencé
avant les pluies universelles puisque la terre

même n'était qu'une mer avant la naissance de
l'action du soleil, surtout plus de cent mille ans
avant l'origine de l'homme, dont les années dix
fois longues comme celles d'aujourd'hui ne représentent cependant qu'un seul mouvement an-
nuel de nos jours.

Les déluges universels ont donc commencé
périodiquement par la durée de trois ou quatre
années selon le degré de rapprochement du soleil
qui opérait l'évaporation des marais de la terre
toujours plus activement, qui augmentait avec
une vitesse croissante et une rotation d'évolution
qui n'a aujourd'hui plus que vingt-quatre heures
sur un balancement du pôle nord avec celui du
sud, qui dure encore *365 jours avec un peu plus*
de six heures, nous ont dit les astronomes du calen-
drier grégorien; mais en fait, aujourd'hui, ce balancement dure 365 jours *avec un peu plus de*
douze heures, chose qui retarde les saisons tous
les ans de *douze heures;* cela rendrait nécessaire
une année *bissextile tous les deux ans* pour remet-
tre en accord *la température des saisons avec les*
dates du calendrier grégorien (et les dieux soient
bénis du ciel qui ont bien voulu tromper la terre).

Parce que la continuation d'augmentation de
vitesse initiale vers le soleil affaiblit la vitesse de

son évolution tournante, évolution et balancement qui ont augmenté pendant les deux cent
mille premières années de la décomposition de la
terre en marche vers le soleil atteignant son paroxysme, son tournoiement a commencé par diminuer à mesure que sa vitesse initiale continuait
d'augmenter; c'est l'augmentation de la vitesse
initiale qui fait diminuer la vitesse rotative qui
avait atteint le paroxysme de sa vitesse évolutive,
il y a à peu près dix siècles, qui marquent en
même temps la date de la moitié du parcours fait.
La terre est donc aujourd'hui un peu plus de la
mi-chemin de sa destination et c'est le retard de
sa rotation par l'augmentation de sa vitesse initiale qui rend nécessaire aujourd'hui la réforme
du calendrier grégorien qui est fondé sur des épo-
ques et des philosofolies ecclésiastiques désordonnées qui nous avaient aussi prédit la fin du
monde pour l'an mil, mais qui ont obtenu un
sursis du père bon Dieu pour lui avoir fondu des
cloches en reconnaissance de sa gloire et de ses
bienfaits et avoir bien voulu venir sur la terre
pour se faire tuer par ses créatures; lui qui avait
tout fait de rien et avec rien et en six jours par sa
seule volonté, n'avait pas pensé à l'invention des
cloches, de la poudre, de la vapeur et de l'électri-

cité, mais il était marbrier du temps de Moïse
puisqu'il lui avait livré sur le mont Sinaï ses lois
gravées sur des tables de pierre avant que l'acier
fut trouvé pour les buriner, parce qu'il avait
oublié de les graver dans ses œuvres; ces oublis
et bien d'autres l'ont obligé de faire un nouveau
testament, sachant qu'on allait bientôt le faire
mourir, aussi les Américains ne sont pas ses assassins, puisque le père bon Dieu, ni son fils ne
connaissaient pas l'Amérique et encore moins les
confins et la composition de leur céleste empire.
C'est donc une imbécilité que la science de notre
ignorance a divinisée, fantomisée, miraculisée,
surnaturalisée, comme toute absurdité, car si en
six jours et de rien il a fait le ciel et la terre, le
soleil, la lune et les étoiles pour servir l'homme
qu'il a fait à son image, c'est avouer que l'homme
existait déjà avant la fabrication du ciel et de la
terre, et avouer même que les jours et les nuits
existaient aussi avant lui, puisqu'il s'en est servi
pour se reposer le septième. Tout était donc fait
avant lui et sans lui, et un être qui s'en attribue
la paternité ce n'est pas un Dieu, ce n'est qu'un
satan, ce n'est qu'un imposteur, car satan seul est
capable de toutes les fictions imaginaires qui ont
dupé, trompé et infernalisé le monde en se faisant

prendre et adorer comme était le Seigneur notre
Dieu.

Car, en effet, il n'y a que le nom de Dieu qui
puisse cacher celui de Satan, c'est avec le masque
de ce nom que tous les diables sont démons et
que tous les honneurs, bonheurs, crimes et vertus
sont son faux nom, parce que nos imaginations
ont été satanisées à mesure que nous avons voulu
être glorifiés, en nous faisant prétendre que nous
avons été créés à l'image d'un Dieu et qu'un Dieu
a voulu se faire homme pour se faire crucifier par
les hommes, pour sauver les hommes; si ce sauveur n'a pas pu se sauver lui-même ni être visible
après sa résurrection, que faut-il conclure de sa
rédemption? Quand il n'y a pas rédemption, il y
a toujours satanisation, qui assassine nos raisons
et nos cœurs, vide nos cerveaux pour y laisser le
tabernacle de la folie.

Toutes les autres espèces vitales autres que
l'homme n'ayant pas des imaginations surnaturelles à satisfaire, leur cerveau est exempt du microbe de la gloire et ne transforme pas son orgueil
en folie tandis que l'homme se croit grand parce
qu'il est pédant : sa folie n'égale que sa sottise
parce que toutes les autres espèces vitales autres
que l'homme n'ayant pas des imaginations sur-

naturelles à satisfaire, leur cerveau est exempt du microbe de la gloire qui transforme son orgueil en folie.

Il n'y a donc pas de choses mystérieuses, miraculeuses ou surnaturelles, il n'y a que le métier d'escamoteur qui en établit la fiction, fondé sur la science phénoménale de notre ignorance.

Laissons donc de côté les sciences occultes, elles ne sont que des phénomènes d'escroquerie autorisée qui abritent et déguisent l'école du vol où chacun se croit honnête quand il a déguisé sa vertu; revenons à la connaissance des sciences positives qui seules nous conduiront à la fortune, à la santé, à l'honneur et au bonheur.

Il n'y a pas de vérités conventionnelles, il n'y a que des vérités immatérielles et il n'y a pas de vérités spirituelles, il n'y a que des vérités intellectuelles, il n'y a de vérités que celles qui sont prouvées par l'évidence, le reste n'est que vérités de complaisance, qui ne reposent que sur des calculs intéressés ou fanatiques qui enlèvent le droit à la liberté.

Le péché originel d'Adam, Ève, du Paradis terrestre perdu comme celui du déluge universel, où toute la création fut sauvée dans l'arche de Noé, n'est donc qu'une pure blague puérile, mes-

quine, dérisoire, qui ne peut ni être vraie, ni
même vraisemblable, fables obligatoires qui ont
été prises au sérieux, mais qui ne supportent pas
l'analyse ni l'examen de la science, de la raison
et encore moins celle de l'expérience qui nous
défend de nous lier à aucun parti pris qui nous
enlève l'indépendance de notre conscience qui est
le pivot de toutes les sciences positives qui peuvent se procurer par le raisonnement.

Car ce qui ne supporte pas l'analyse et la discussion doit rester aux imbécilisés, qui ne veulent
pas avoir le nom d'être dans l'erreur, chose qui
forme la catégorie des hommes instruits ou inconscients mais toujours imposteurs et de qui
nous n'avons pas à respecter ni le fanatisme, ni
l'erreur, ni les traditions conventionnelles ou
autres qui nous sont transmises par la hiérarchie
du paganisme que l'ignorance des temps primitifs
nous a transmise, qui ont avili, affolé et dépravé
toutes les nations dans le carnage de la servitude
de tous les peuples.

NOUVELLE REPRISE SCIENTIFIQUE.

Nous avons laissé la terre au début de sa végétation et de son parcours vers sa destination avec

une vitesse qui a toujours augmenté à mesure
qu'elle prenait la direction du vide et que l'air
devenait de plus en plus limpide, provoquant,
facilitant ainsi chaque jour l'augmentation de sa
vitesse, que son volume a toujours empêché de
faire plus de cinq cents lieues à l'heure et qui
augmente à mesure que notre terre se rapproche
du soleil, vitesse initiale qui a déjà commencé
par faire ralentir la vitesse rotative qui a changé
le commencement et la fin de chaque saison qui
deviendront toujours plus chaudes en été et plus
froides en hiver, par le tranchant toujours plus
vif entre le jour et la nuit opéré par l'ombre ou le
revers de la terre qui sera congelée et mise en
ébullition tour à tour sur toutes ses faces par son
évolution vers lui, pour finir dans son ventre, et
pendant les centaines de mille ans de ce parcours,
la pourriture de son enveloppe sera distillée et
fondue.

L'enveloppe boueuse de la terre a continué de
fermenter par la chaleur croissante des rayons du
soleil qui ont vaporisé son humidité devenue
atmosphérique qui a commencé par se décompo-
ser périodiquement en pluies continuelles et en
chaleurs continuelles dans cet état tempéré de la
durée de quelques années, selon la vitesse d'évo-

lution rotative, comme le trafic des autres terres
dans le brassement des airs qui amène le changement des températures qui cause les décomposi-
tions atmosphériques en décharges électriques qui
retombent en neiges, en grêles ou en pluies selon
que le changement de température arrive de devant
ou de derrière notre terre, que les vents amenés par
ces remous soit en chaud ou en froid et quelquefois
tempérés, mais qui provoquent toujours la décomposition de la vapeur qui retombe toujours
en pluie dans les proportions de la même quantité que les eaux ont été évaporées, car rien ne se
perd, ni une goutte d'eau, ni un grain de poussière et chaque chose retombe et revient à son état
primitif.

Les premières pluies avant la formation de
l'homme ont donc toujours été de longue durée
et toujours diluviennes; elles ont longtemps retenu et retourné la surface de la terre à l'état de
mer unie et universelle dont la production animale a commencé par être microbeuse, véreuse,
poissonneuse et monstrueuse, selon l'abondance,
la qualité et la force de leur alimentation qui, du
temps primitif, était plus ou moins boueuse et
grouillante, selon l'état de pétrification ou de nu-
trition amassé en décomposition par chaque dé-

luge. La production terrestre n'a donc commencé
qu'après la première éclosion de la fermentation
centrale qui a ouvert les entrailles de la terre dans
lesquelles les eaux se sont précipitées en cher-
chant ainsi leur écoulement dans les bas fonds
qui sont devenus des lacs et des mers qui ont été
formés par ces bouleversements terrestres successifs qui ont fait régner les mers jusqu'aux cimes
des montagnes, qui les ont lavées, qui ont creusé
les vallées par les pluies diluviennes successives
et toujours plus fréquentes, que le soleil a toujours mieux vaporisées et toujours mieux retournées en pluies, écoulements et lavements visibles par les couches de sable et de marais qui existent encore actuellement dans toutes les hauteurs
et dans toutes les parties du monde.

Les couches charbonneuses de la terre ont été
formées par le dépôt des premières végétations
marécageuses putréfiées, purifiées, massifiées
dans la vase putride du premier dépôt de décomposition que le soleil n'a pas vaporisé avant le
premier déluge, mêlées aux autres couches terrestres par le bouleversement de la fermentation
centrale qui a forcé les eaux à chercher et à creu-
ser leur écoulement continuel sans jamais tarir;
c'est leur croupissement qui a fait leur nourrisse-

ment, car c'est la vapeur des eaux tournées en
nuages par une température contraire qui charrie
les mers dans les airs et continue le lavement,
l'ensablement et le creusement de toutes les parties du monde et continue en même temps sa distillation superficielle par tous les microbes qui
naissent dans sa pourriture et dévorent son fumier, pourriture et fumier qui s'appauvrissent
continuellement par l'usure de sa première production qui engendre de nouvelles couches vitales
formées par la décomposition des unes par les
autres, mais toujours plus purifiées par la continuelle purification de son alimentation qui contient la *purification de sa formation*, mais dont les
principes vitaux de forme et de fond restent les
mêmes; ils sont absolument partout stomacaux,
résiductifs, ils sont partout fixes et mouvants
selon les facilités de leurs éléments qui ont conformé leurs fibres, leurs artères et leurs besoins
aux facultés de leurs éléments et à la composition
d'essence et du sucre qui les ont fait naître, se
former, se développer dans la goutte de caille qui
contient et nourrit le microbe né dans l'effet de la
fermentation superficielle, centrale ou solaire qui
féconde ou spermentalise tous les couvons origi-
nels de la terre qui se forment dans toutes les

agglomérations de sa production selon les vertus
alimentaires qui les enveloppent, qui les a ren-
dues fixes ou voyageuses, selon l'insuffisance ou
la surabondance de la composition qui les anime,
formées dans toutes agglomérations de matières
disparates vitalisées ou morbides, amoncelées par
les déluges continentaux ou régionaux avant la
formation du premier homme qui a laissé à
l'homme un peu de toutes ses facultés éteintes qui
lui ont servi de base, de forme, de facultés et de
qualités, chose qui nous fait dériver en facultés
de toutes les vitalités et tenir un peu de toutes les
dernières originalités sans ressembler à aucune.
Chaque chose et chaque sujet a donc son origine
originelle modifiée par l'usure et l'épuration de
son alimentation, selon les lentes transformations
qui s'opèrent par la continuelle purification des
produits de l'enveloppe de la terre, végétation
animale et plantureuse qui ont souvent été anéantis par les déluges et par les effondrements successifs de la surface du globe et qui chaque fois a
redonné une nouvelle originalité et une nouvelle
virginalité à chaque chose sans le secours de l'arche de Noé à une époque où il n'y avait encore ni
charpentiers, ni menuisiers pour la construire et
qui, en tous les cas, ne pouvait pas contenir toutes

les espèces animales ni végétales contenues sur la terre, sans parler de l'espace nécessaire au magasinage de l'alimentation nécessaire aux choses et aux sujets différents de chaque partie du monde, choses qui auraient nécessité plus de cent mille hommes pour suffire aux soins de tous les jours, chose que Noé et sa famille n'ont jamais pu faire, puisque cela n'a jamais pu exister. Car si un génie céleste avait tout fait de rien et en six jours, il lui aurait encore été bien plus facile de le refaire, de le perfectionner avec l'aide de la création toute faite et il pouvait la démolir, l'anéantir d'un clin d'œil au lieu de faire pleuvoir vingt-quatre jours et vingt-quatre nuits pour n'en noyer seulement qu'une partie dans un déluge imaginaire qui n'a pas pu anéantir la population des mers, ni empêcher la repopulation de la terre.

Oui, nous sommes les enfants des déluges successifs qui ont existé après l'effondrement de la surface de la terre, enfantés par la fermentation des agglomérations de leurs amas qui nous a fait avoir la forme et les facultés de tout et non pas d'un génie qui aurait fait de nous un moulin à moutarde, pour ressembler à son moulin à café, puisque cette infirmité existait déjà dans son paradis terrestre, puisque la femme d'Adam a été

formée par une des côtes de son mari, mais que
le père bon Dieu a formée avec la queue d'un chien
qui lui est restée dans les mains pour rattraper
la côte qu'il lui avait enlevée à côté de lui, chose
qui força le père bon Dieu de former la femme
avec la queue d'un chien qui remplaça celle de
l'homme pour continuer la tache du péché originel qui nous a incorporé dans la tache de tous les
péchés mortels et véniels que ces moulins peuvent nous faire connaître pour se débarrasser du
fardeau de la vie sur celle des autres.

La tache du péché originel n'est donc qu'une
tache d'imbécilité et le déluge universel avec l'arche de Noé deux mille ans avant Jésus une gros-
sière erreur, puisque l'origine du premier homme
remonte à plus de cent mille ans avant, car à une
date aussi rapprochée de nous il ne pourrait plus
y avoir d'origine humaine ni de déluge universel
parce qu'alors les montagnes et les mers existaient
et il y avait plus de cent mille ans que le premier
homme était fait ou formé.

Tout est donc faux, mesquin, puéril et enfan-
tin dans les cultes divins, tout est abrutissant et
renversant dans leur raisonnement ; tout est insensé, tout conduit à la folie dans leur paradis,
car il existe autant d'espèces humaines qu'il y a

de continents et de contrées dans chaque partie du monde, produites par les produits de chaque climat, formées par l'agglomération des déluges qui n'ont jamais été universels, après l'effondrement du sol qui a formé les montagnes et les mers, les vallées et les quatre parties du monde.

Oui, depuis, les déluges ont été périodiques, mais jamais universels, et les divinités qui nous ont annoncé cela ne connaissaient pas le premier mot de la nature terrestre et encore moins la nature céleste ; ils n'étaient que des présomptueux, insensés, surnaturalisés par leur ignorance, car si la seule famille de Noé avait été sauvée par le déluge, nous n'aurions pas plusieurs espèces d'hommes, ni plusieurs couleurs, ni plusieurs races dans les mêmes couleurs ; et les singes qui, dit-on, sont nos premiers parents, de qui tiendraient-ils leur originalité et par qui auraient-ils été sauvés? Car ces premiers parents sont encore aujourd'hui incapables de construire une arche de Noé fabuleuse et fantasmagorique qui n'a rien pu sauver, puisqu'elle n'a jamais pu exister.

Oui il y a une arche sainte qui a tout sauvé, tout créé et tout originalisé, cette arche sainte c'est la terre, c'est le vaisseau de la terre qui en est la mère et c'est le soleil qui en est le père ; sa

vitalité n'est faite que du contact et du contraste
de ces deux éléments inconscients, vital et matériel ; le soleil lui-même tient son origine d'un
entassement de planètes mortes qui se sont amoncelées sur un même point dans leur rencontre
venues de tous les points de notre univers s'amon-
celer sur l'emplacement d'un soleil qu'elles ont
trouvé éteint, mais réallumé par la fermentation
de tous ces monstres matériels réunis, renouve-
lant, ressuscitant ainsi la vigueur des flammes ;
et les effets d'un soleil réallumé, chose qui ne
peut se produire que par plusieurs milliards de
millions d'années, mais qui ne doit pas nous
inquiéter puisque cela ne regarde même pas
l'éternité.

Car si le nom de Dieu n'a pas recréé l'homme,
après l'avoir détruit, sans le secours de l'arche de
Noé, comment aurait-il créé le Père soleil qui
l'éclairait déjà quand il dit avoir créé le monde en
six jours ? Ne pouvait-il donc pas alors anéantir
le monde et non pas faire un déluge pour anéantir
et sauver sa création, pour étouffer quelques microbes qu'il avait lui-même tirés du néant : c'était
plus facile que d'ordonner les vœux de célibat et
la chasteté des curés et puisqu'ils ont voulu être
des parasites pour être chastes, ils ne devaient pas

avoir le pouvoir de la procréation et il est même
étonnant que le père bon Dieu ait laissé cette faculté à l'homme puisqu'il a toujours voulu anéantir l'homme et pourquoi la lui a-t-il donnée, s'il
ne voulait pas qu'il s'en serve ? Il fallait plutôt
qu'il les fasse opérer, s'il ne voulait pas qu'ils
soient entiers, pour le représenter ; alors oui ils
auraient été chastes, mais ils n'auraient pas pu
sauver les âmes des ânes ni établir le droit de
Jambage sur toutes les virginités des nouvelles
mariées et des nonnes qui ont choisi Jésus pour
époux en se faisant tonsurer et opérer par d'autres.
pour mieux l'aimer, et comme une perfection ne
peut pas faire quelque chose d'imparfait, il ne
pouvait pas se repentir de ses œuvres, il ne pouvait pas donner des besoins, des nécessités et des
passions désordonnées à ces sujets pour avoir le
cruel plaisir de réprimer ces nécessités, ces besoins, ces passions ; il ne pouvait pas nous faire
et nous laisser un cancer stomacal qui tous les
jours a besoin d'être emplâtré pour être digéré, il
ne pouvait pas mettre Adam et Ève en état de ten-
tation dans un paradis pour avoir le plaisir de
les chasser, pour sauver ensuite une de leurs
familles dans un déluge universel ; et alors les
nègres, comment se fait-il qu'ils existent sans

avoir été sauvés? Une perfection et une toute-
puissance en un mot ne peut pas avoir fait quelque
chose d'imparfait ni se repentir de quelque chose,
une perfection n'a rien à sauver ni à créer, elle
n'a rien à détruire et rien à perfectionner ni à modifier par des premiers et nouveaux testaments,
ses lois sont ses œuvres dont chacune produit
l'effet de sa cause et dont toutes les causes comme
tous les effets remontent à l'effet de la fermentation dans les matières matérielles pures et
impures, putrides, fluides ou pétrifiées, qui enfantent les espèces originelles dans un état primitif,
informe, qui se sont développées et embellies à
mesure que la distillation de la terre a purifié son
alimentation.

Voilà le génie du nom de Dieu, voilà la visibilité des secrets de la nature et des secrets de la formation de l'univers qui sont en même temps les
secrets de la vie éternelle et qu'on peut pratiquer
et enseigner sur la terre sans avoir fait aucun vœu
de chasteté.

Maintenant si nous voyons les étoiles dans les
nuits et presque pas dans le jour, c'est parce que,
tournés du côté du soleil, il n'y a pas d'étoiles
entre nous et lui, il n'y a que des grains de poussière terrestre invisibles qui marchent comme

nous vers lui, peuplés comme nous des mêmes
croyances surnaturelles par l'apprentissage des
mêmes ignorances spirituelles. Ce n'est que par
les nuits où nous avons le dos tourné à lui et la
face vers l'illumination du ciel, que nous pouvons
contempler leur ordre et désordre, leur grosseur
et leur proximité sans les adorer et s'il y en a qui
sont voyageuses, c'est leur grosseur qui les a
poussées hors du lit et du nid de leur formation, et
elles continuent de grossir dans les régions plus
liquides ; c'est ce qui fait que les plus grosses sont
toujours les plus rapprochées de nous et les plus
petites qui se trouvent mêlées avec elles sont souvent voyageuses ; ce sont elles qui congèlent les
airs sur leur parcours mais qui restent hors de
portée de l'influence et de la visibilité du soleil et
comme nous sommes maintenant à peu près au
milieu de ces deux extrémités nous pouvons juger
les distances qui nous séparent et qui nous restent
à parcourir avec une vitesse double, triple et qua-
druple de celle qui peut être constatée aujour-
d'hui pour parcourir en cinquante mille ans la
même distance qui a été parcourue en deux, trois
cent mille ans de la durée de nos jours qui recom-
mencent à grandir à nouveau depuis quelque
temps et les balancements annuels toujours ralen-

tissent depuis les mêmes périodes comme cela peut se constater ; ce sont seulement des jalons qui sont plantés dans les domaines de la vie éternelle et dans l'éternité, solutionnant tous les mystères des trinités, des incompréhensibilités.

COUP D'ŒIL INTELLECTUEL

DANS LE

POISON SPIRITUEL.

La conscience, c'est l'âme de la vie intellectuelle, comme la fermentation, c'est l'âme de la vie matérielle ; la conscience ne surgit qu'au contact du vrai et du faux, du juste et de l'injuste, du bon et du mauvais, du bien et du mal ; partout ailleurs elle est fugitive. La conscience n'a ni odeur, ni couleur, ni microbes, c'est le contact du sentiment qui la tire du néant, elle n'est visible que dans ses effets, c'est la puissance qui alimente, éclaire, dompte et anéantit tous les génies selon la composition des sentiments qui l'animent.

La conscience, c'est le contact du sentiment

avec la sensibilité du cœur formulée par les sen-
sations de l'esprit. La raison n'a pas besoin d'avoir
la foi, il n'y a pas de révélation, il n'y a que des
constatations et des observations, il n'y a qu'un
vrai Dieu, c'est la science de la conscience, il n'y
a qu'un faux Dieu c'est la science de l'ignorance.
Nous portons en nous l'espérance et le pressenti-
ment d'un avenir meilleur; cette préscience, nous
devons la justifier sans folie, ni orgueil, ni égoïsme,
ni vanité, voilà les plaies de notre divinité qu'il
faut à tout prix cicatriser. Tout se transforme,
rien ne se modifie, car nos esprits n'ont été mis
en état de pathologie que par des croyances surnaturelles et si nos esprits rêvent ou cauchemar-
disent, cela dérive des préoccupations d'esprit
assimilables aux tendances de la folie. Les articles
de foi ne sont que des articles de mauvaise foi
bâtis sur le surnaturel de notre ignorance.

La religion de la conscience étant seule, unique et universelle, représente seule notre divinité.
On a bien pu l'avilir, l'opprimer, la martyriser,
mais elle a toujours ressuscité chaque fois qu'on
a voulu l'assassiner. Elle stigmatise toutes les
puissances et relève toutes les déchéances. Aucune religion ne peut être véridique tant qu'elle
n'est pas unique et universelle.

Cette religion, elle est bien connue, mais elle n'est pas pratiquée; elle existe malgré qu'elle soit tous les jours assassinée. C'est le contact dès sentiments qui nous fait connaître ses lois et la route de son tabernacle qui n'est accessible que par la noblesse du cœur qui seul conduit au dévouement, au devoir et à l'honneur.

Une religion qui n'est pas unique et universelle n'est qu'une profession commerciale qui ne débite que des marchandises imaginaires par abus de confiance, de conscience au dépens de notre ignorance; c'est toujours une escroquerie, une comédie, une canaillerie qui surnaturalise toutes les fourberies.

La vérité ne se vend pas, la vérité ne se dogmatise pas, on ne dogmatise que ce qui n'est pas, mais la vérité peut être syllabusée par ceux qui l'ont anéantie, détruite, falsifiée ou dénaturée.

Il n'y a pas de vérités imaginaires, il n'y a pas de vérités invisibles, il n'y a pas de vérités incompréhensibles, il n'y a pas de vérités mystérieuses, il n'y a pas de vérités miraculeuses.

La vérité est en nous et jamais hors de nous, c'est la conscience qui la possède, la voit et nous la fait contempler sans jamais pouvoir la matérialiser; elle surgit au contact de son sentiment et jamais au contact de deux impuretés, c'est le malheur qui la ressuscite chaque fois qu'elle est assassinée.

La vérité est partout, mais c'est le glajve de l'esprit qui nous empêche de la posséder, qui la fait fuir de partout où on veut la trouver; sa subtilité va nous ressusciter.

La vérité ne s'imagine pas, ne s'emmagasine pas, la vérité ne se schismatise pas, la vérité peut être ignorée, mais elle ne peut pas être inventée, seul ce qui n'existe pas a besoin d'être imaginé pour se faire parader et notabiliser dans les lâches et glorieux métiers d'avoir des ânes à sauver, des anges à immaculer et à fabuliser après les avoir fabriqués sans aucune paternité avec des martyres à torturer et des fortunes à dévorer sans aucune fraternité.

Toutes les vérités éternelles sont visibles et matérielles, la vérité ne se fait pas adorer, la vérité ne se laisse pas adorer, la vérité satanise toujours ceux qui veulent la dénaturer.

La vérité, c'est la matérialité inconsciente qui produit toutes les causes et tous les effets du ciel, de la terre et de l'univers.

La vérité, c'est la visibilité de tout ce qui nous aveugle, de tout ce que nous ne voulons pas voir, pas savoir, pas comprendre, mais qui est à la portée de toutes les imbécillités. Ce sont nos sottises qui nous ont empêchés de voir, de comprendre notre inconséquence et notre malice pour en faire des supériorités qui sont devenues nos divinités, car c'est à yeux fermés qu'on voit clair dans l'éternité.

La vérité, c'est le sentiment de justice qui éclaire, guide la raison dans toutes les choses et dans toutes les causes par leur effet qui est la base des sciences de la conscience qui se confond dans une seule et même divinité.

La vérité ne se tabernaculise pas, ne se sacramentalise pas, ne se spécialise pas, ne se conventionalise pas, ne se grimace pas, ne se mascarade pas, ne se carnavalise pas.

La vérité, c'est nore vitalité formée par le contact et dans la dissolution des matérialités successives qui les rend tour à tour palpables et impalpables, visibles et invisibles, sensibles et insensibles, matérielles et immatérielles selon qu'elles font partie de l'air en liquide ou de l'air matérialisé, toute chose qui nous empêche d'avoir des âmes à sauver et ce n'est que matériellement que nous sommes responsables de nos actes et non pas moralement ni surnaturellement.

Car il y a en nous deux facultés intellectuelles
et deux intelligences bien distinctes, celle du bien
et celle du mal, dont chacune a son tabernacle
dans notre organisme, dont l'une est au cœur et
l'autre au cerveau, chose qui forme en nous deux
personnalités et deux divinités en opposition
l'une avec l'autre, qui nous fait dieu ou démon
selon que nous sommes dirigés par l'une ou par
l'autre de ces deux puissances dont l'une est intellectuelle et l'autre spirituelle, tabernaculisées
dans le cœur et dans le cerveau, qui nous fait
tour à tour dieu ou démon selon que nos actes
sont spirituels ou intellectuels, car le spirituel
nous fait toujours égoïstes, sots, vaniteux, prétentieux, cruels, fous, orgueilleux ou religieux : ce
sont les bases et les règles de nos mœurs actuelles,
de notre inhumanité qui forme en nous la puissance et la personnalité de satan logé dans le tabernacle de nos cerveaux sans que nous puissions
supposer que nous sommes sa personnalité, ses
actes, sa puissance, ses pompes et ses œuvres, qui
étouffe, assassine, martyrise tous les jours tous
les actes de la conscience qui sont dictés par les
sentiments intellectuels qui partent du cœur et
dont on ne pourra pas tenir compte tant que les
lois et les mœurs de l'esprit resteront en pratique,

chose qui nous empêche d'avoir les lois de justice, d'honneur et de bonheur dont l'esprit resterait pour formuler, éclairer et diriger, mais à qui il faut ôter le pouvoir de dicter et de gouverner : c'est alors seulement que nous aurons le pouvoir et les vertus de notre divinité basés sur la cons- cience et guidés par la raison.

Pendant ce temps, ne cherchons pas ni dieux ni diables hors de nous ; nous sommes eux- mêmes, nous sommes les deux puissances et les deux volontés, les deux personnalités et les deux êtres qui sont tour à tour nos maîtres, que nous pouvons tour à tour interroger ou questionner, dont l'un ou l'autre nous répondra toujours selon les sentiments intellectuels ou spirituels qui nous animent.

Nous avons en nous la puissance du bonheur et celle du malheur, c'est à nous à mériter l'une ou l'autre spirituellement ou intellectuellement, car nul n'échappe aux conséquences de ses actes devant les hommes et devant le registre de sa conscience spirituelle ou intellectuelle qui font remonter tous les effets à leurs causes, qui tempo- ralisent, individualisent, transforment ou déna- turent tout, selon que nous sommes la silhouette des exécutions de l'une ou de l'autre de ces deux

puissances, de ces deux consciences, dont l'une
est conventionnelle, mystérieuse, surnaturelle,
cruelle, superstitieuse, folle ou fanatique et l'autre
naturelle, réelle, positive, sentimentale, noble,
généreuse, dirigée par les sentiments, et les lois
du cœur qui sont toujours étouffées par l'égoïsme
traditionnel des vanités de l'orgueil qui affolent
toutes nos facultés spirituelles comme temporelles.

Voilà les deux êtres, les deux personnalités,
les deux consciences, les deux tabernacles et les
deux divinités faites homme que nous n'avons
jamais pu voir, ni trouver, ni parler, ni interroger,
ni rencontrer nulle part et qui cependant sont visibles partout et répondent à chacune de nos
questions et de nos aspirations, qui nous font dieu
ou démon, satan ou enfant, selon les disposi-
tions spirituelles ou intellectuelles des sentiments
qui nous animent, qui livrent à chacun les conséquences de la responsabilité de ses actes qui commence par l'estime ou le mépris de soi-même,
visibles dans la recherche des distractions oisives,
puériles, mesquines, téméraires, pernicieuses,
calomnieuses ou diffamantes, qui abreuvent les
conformités, qui châtient leur conscience, qui les
empêchent d'être livrés à eux-mêmes pour chercher l'estime chez les autres en les méprisant

chaque fois qu'ils leur tournent le dos, croyant toujours faire le portrait des autres chaque fois qu'ils font la révélation du leur pour attraper et surprendre l'estime des autres en remplacement de l'estime qu'ils n'ont pas d'eux-mêmes, puisqu'ils la cherchent hors eux-mêmes pour honorabiliser toutes les formes de l'hypocrisie sociale du grand et petit monde qui dévorent toutes les couches sociales où aucun n'emporte la satisfaction et l'estime de lui-même, qui nous laissent dans l'état d'imprécations des uns sur les autres, qui nous fait récriminer et maudire les uns les autres par le besoin de se soulager les uns les autres en déversant sur autrui ses besoins moraux et matériels, que chacun veut atténuer ou médicamenter avec le talisman de l'argent qui ne livre jamais ni bonheur ni honneur intellectuel, mais seulement des satisfactions matérielles de forme ou galfatriques qui fait des seigneurs et des monseigneurs avec des écus, mais jamais avec l'honneur du cœur qui anoblit le malheur.

Honneur, bonheur et noblesse que les écus font fuir de toutes les demeures, leur instabilité a empoisonné les consciences et infernalisé les esprits, dupé les ignorances, engendré la misère et la folie au milieu de l'abondance ; non l'argent ne

fait pas l'honneur ni le bonheur, c'est au contraire
l'argent qui fait les clameurs et creuse les malheurs,
l'argent est un guide perfide et égoïste qui n'a pas
d'entrailles ni cœur, ni honneur ; il faut lui laisser son utilité et lui enlever son râteau voleur
avec lequel il enlève le bien-être et le fruit du travail à tous les travailleurs et notabilise toutes les
non valeurs qui sont les seigneurs ; mais toujours
que des dieux soient bénis, des mains jointes,
des crucifix et des pleurs qui ont satanisé les écus,
le ciel, la terre pour nous vendre le paradis, mais
ils seront toujours errants sur la terre pendant
que leurs écus les auront maudits, car il n'y a aucune fortune en enfer qui ne soit pas du bien mal
acquis, qui transforme en lucifer celui qui veut en
faire un paradis des biens maudits.

Nous sommes chacun la propriété et le propriétaire de notre coin d'enfer pour en faire un paradis par le retour de la propriété aux propriétaires
de tous les biens maudits qui ont transformé ces
illusionistes en réprouvés dans des morceaux d'or,
qui sont toujours envolés à mesure qu'ils sont ac-
caparés par l'intérêt des intérêts et le revenu des
écus pour conserver le monopole des dévalisés au
nom de la loi du ciel pour se faire rédemptoriser
et glorifier par ceux qui en sont dépouillés par

l'effet des fictions qui nous empêchent de voir satan, ses pompes, ses œuvres, dieu et le diable, qui
habitent en nous sans que nous le sachions, sans
que nous puissions ni les voir ni les comprendre,
ni les interroger, croyant qu'ils ne sont que des
êtres surnaturels, alors qu'en réalité ils ne sont
que la composition de nous-mêmes et toujours
conformes aux sentiments qui nous animent, selon que nos facultés sont vaines, légales, morales,
sentimentales ou commerciales.

Voilà donc dieu et le diable absolument visibles,
matériels, intellectuels et spirituels comme nous ;
nous les pouvons voir, comprendre, toucher et
interroger et ils nous répondront en personne lé-
galement, moralement ou spirituellement, selon
la nuance de composition des sentiments qui nous
animent, qui nous font justes ou injustes, selon
que nous sommes plus ou moins satanisés par
l'argent ou par nos dévouements, par notre ignorance comme par notre conscience.

Ne cherchons donc pas dieu ni le diable nulle
part ailleurs qu'en nous-mêmes puisqu'en tout et
partout nous sommes leur demeure et leur personnalité ; l'erreur seule nous empêche de les contempler, de les justifier et de les représenter, chose
qui nous fait dire sacré nom de dieu chaque fois

que nous sommes en colère ou mécontents, et oh !
mon dieu, chaque fois que nous sommes heureux
d'être malheureux, et que l'estime de nous-même
nous fait verser des larmes de bonheur même
dans le malheur, quand nos peines n'accusent pas
nos consciences ; ce sont ces soupirs intellectuels
qui nous rattachent à la vie éternelle et qui nous
font trouver le bonheur même dans les larmes du
malheur, chose qui nous fait bénir ou maudire
tour à tour le nom de dieu et celui de satan qui
sont en nous, que nous invoquons ou que nous
maudissons selon qu'ils sont l'un ou l'autre les
auteurs de nos actes, imprécations ou salutations
qui dérivent toujours de l'état de nos consciences
et de nos esprits qui se surnaturalisent par le nom
de dieu qui n'est que le nom de notre inconscience sentimentalisée.

Non, ce n'est pas la vertu ni la science du nom
de dieu qui a créé l'homme, ni le ciel et la terre,
mais c'est au contraire l'homme qui a conformé
le nom de dieu à son image et qui l'a imaginé en
tous points semblable à lui et c'est pour cela que
nos consciences sont spirituelles au lieu d'être intellectuelles, sataniques au lieu d'être scientifiques,
c'est cela qui nous pose en contre-nature dans la

nature et qui nous fait bénir ce que nous devons maudire.

Non l'âme conventionnelle n'existe pas, non l'âme responsable personnelle n'existe pas, il n'y a que la matière qui en est la pétrification et la vertu, il n'y a que la fermentation qui en fait la vitalisation, qui la rend tour à tour palpable et impalpable, matérielle et immatérielle, visible et invisible, mais toujours inconsciente. C'est donc la fermentation qui est l'âme et la vie de toutes les espèces célestes, comme terrestres, pétrifiées ou volatilisées par l'effet de la fermentation.

Voilà le corps, l'âme et la vie de l'univers visible et invisible qui forme le continuel recommencement du néant par la continuelle fermentation et dissolution des airs ou des âmes en liquide, pétrifiées, toujours formées, distillées. Non l'âme consciente, personnelle, responsable, n'existe pas, il n'y a que l'estime ou le mépris de nous-mêmes qui nous en livre le châtiment ou la récompense avant la satisfaction ou le mépris de nos actes qui nous livre toujours bonheurs ou malheurs, châtiments ou récompenses ; à cela personne n'échappe pas même ceux qui se moquent de la vie éternelle, qui sont attrapés avant d'y arriver, car les fortunes ne produisent que des plaisirs éphémères et superficiels, mais jamais sentimentaux parce que le surplus des uns n'est formé que par les iniquités de notre organisation sociale qui autorise les uns à être les parasites des autres, au nom de la gloire de dieu, de la vertu des saints et des saintes écritures qui nous demandent de bénir dieu pour les grands bienfaits de nous avoir créés et mis au monde avec un cancer à l'estomac et une infirmité qui commence sous le nez et qui va finir à l'autre extrémité, pour le soigner et pour mieux lui ressembler, pour le boire et le manger et le mettre ensuite en ruine avec toutes les merveilles de la cuisine pour se purger dans ce purgatoire avant de parvenir en odeur de sainteté comme font tous ceux qui n'ont pas tué leur vermine pour respecter la création du père bon dieu et qui ne se sont jamais débarbouillés, de crainte de ne pas être en odeur de sainteté.

Voilà dans quoi le nom du père bon dieu nous a empêtrés pour se faire glorifier dans son paradis où il n'y a que des enfants, des pauvres d'esprit et des criminels repentis.

Voilà le socialisme chrétien sorti des entrailles de tous nos malins, et pour empêcher que le fils du bon dieu reparaisse sur la terre ils ont planté des croix et fait des signes de croix sur toutes les

routes et sur toutes les hauteurs, dans toutes les
églises, temples et chapelles, chose qui oblige le
père bon dieu et son fils à ne plus jamais suivre
aucun chemin et à n'entrer nulle part s'il ne veut
pas rencontrer sa croix où il craint d'être crucifié
à nouveau par tous ceux qui lui font des signes de
croix. C'est ce qui explique que dieu et le fils du
bon dieu ne sont plus maintenant rencontrés nulle
part puisqu'ils sont obligés de ne passer que par
les endroits où il n'y a pas de croix, courant, er-
rant après les âmes égarées pour attraper ceux qui
ne l'ont pas encore crucifié et qui ne sont pas encore habillés par la robe qui les fait oiseaux de
proie des principes du royaume de ce roi des rois.

Mais maintenant que ces marchands de prières
et du royaume des cieux ne vendent plus que des
orémus et quelques bénédictions nuptiales aux imbéciles et aux vierges Marie, qui se font opérer par
leur saint esprit, il n'en est plus tout à fait ainsi
parce que du temps de leur toute-puissance, grande
et profonde science, ils faisaient tourner le soleil
autour de nous pour nous chauffer, nous éclairer,
nous adorer et nous paradoxer notre immortalité.
Mais voilà, tout a été détraqué par l'arrêt du soleil
avec une perche, nous dit l'histoire sainte, dont le
choc si fort arrêta le soleil et fit tourner la terre à

sa place, puisqu'elle continue de tourner toujours ;
c'est cela qui nous a astreints aux châtiments des
déluges et de tous les péchés mortels que la première femme a fait connaître à l'homme en lui of-
frant le fruit défendu par le péché originel. C'est
pour cela que depuis ce temps les hommes et les
femmes du bon dieu se sont faits chastes et n'ont
plus rien originalisé de crainte de faire des réprouvés et pour cela ils n'ont pas hésité à faire des
sodomistes pour les sauver en prostituant la contre-nature dans la nature et dans la vertu de la
chasteté qui se pratique à débauche ouverte dans
tous les séminaires, cures, cloîtres et couvents au
nom de dieu, le chapelet à la main et le crucifix
au cœur ; car la vie et les mœurs de ces gens-là
n'ont jamais produit autre chose que des parasites de la production terrestre en hommes et en
nature, si de pareilles mœurs avaient été pratiquées depuis qu'ils exploitent le monde, il y aurait longtemps que le monde n'existerait plus pour
nous, car si le célibat était une vertu, l'assassinat
de la nature serait un devoir ; mais comme la nature a toujours été pure, complète et parfaite en
tout et partout notre devoir nous impose la tâche
de nous débarrasser de ceux qui en sont les parjures, la honte et la vermine.

Nos mœurs actuelles dérivent et dépendent du contact des mœurs et des croyances occultes que ces imposteurs nous ont imposées au nom de notre conscience, mœurs et croyances obligatoires qui ont ensanglanté l'humanité dans les guets-apens au nom de dieu et des seigneurs qui peuplent encore les quatre coins du monde et qui continuent de dévaliser, de diviser et de disperser tous les intérêts, toutes les sécurités et toutes les familles dans la recherche de la paix, du repos et de la justice qui ne nous ont jamais été livrés, mais que la persévérence de la prière, du travail nous donne le droit d'espérer, car tout appartient au travailleur, même les écus des monseigneurs ; le travail c'est la vie, c'est la propriété qui n'appartient qu'à ceux qui la font valoir en nature et en personne sans location, sans dîme, sans impôts et sans acquisition et dont le revenu ou le produit apppartient relativement et coopérativement à tous ses membres qui les font propriétaires de la propriété foncière, mais sans jamais avoir le droit d'en faire la vente pour en avoir le prix et vivre ainsi sans le secours du travail au dépens des autres ou des acheteurs qui les appauvrissent à mesure qu'ils semblent s'enrichir, puisque à chaque changement de nom ou de division de familles il faut

racheter la même propriété que nous avons toujours travaillée et toujours possédée, acquittée par
nos pères qui l'avaient déjà plusieurs fois achetée,
mais qui continue d'être toujours à nouveau dispersée par la revente des propriétés endettées pour
payer intérêt et capital de ceux qui en ont fait un
capital pour vivre sans travail ; c'est ainsi que les
fortunes se sont toujours dispersées à mesure
qu'elles sont amassées par ceux qui en ont toujours trop et jamais assez ; mais elles se trouvent
toujours dispersées aux quatre vents des saisons
et des passions de toutes les nations pour n'être
rattrapées que par ceux qui ne sont pas affamés,
chose qui les transforme en biens maudits puisque
jamais elles ne restent acquises à ceux qui en ont
sué le prix, puisque jamais elles ne laissent paix
et repos à ceux qui paient impôts, puisque tout le
revenu en est retenu par les gens des écus et qui
ne vont en paradis qu'après s'être repentis ; toutes
les fortunes qu'ils ont amassées sur terre ne sont
que des biens maudits puisque jamais aucun n'en
a pu faire un bon profit et il en sera toujours ainsi
pendant que la propriété sera individuelle et non
pas nationale ; il faut au contraire qu'elle soit nationale et non pas individuelle par son retour à la
nation et les capitaux aux capitalistes mais avec

la réduction totale de l'intérêt qui sera versé à
l'État pour pensions de vieillesse après l'âge de
60 ans sous peine de perdre le droit aux rembour-
sements du capital; seul l'État aura le droit de
prêter avec intérêts aux puissances étrangères, en
les maintenant ainsi nos contribuables. Voilà la
solution matérielle de la fortune, des propriétés
dont nul ne pourrait plus vivre sans travailler,
puisque les fortunes ne seraient faites ou maintenues que par le prix du travail et ne laisseraient à
personne la faculté et la possibilité de louer ni de
vendre ses propriétés ou ses capitaux avec intérêt
sans que ces intérêts soient versés à l'État, sous
peine de confiscation de ces capitaux; on laisse-
rait à chacun le produit de son travail et le capital
aux capitalistes pendant la durée qu'ils pourront
avoir par la dissipation des nullités et des inutili-
tés qui s'y rattachent; c'est la solution que le bon
sens et la raison attendent des pouvoirs publics
en réparation des iniquités du passé afin de satisfaire aux sentiments de justice que la nature nous
a donnés et que nous n'avons pas le droit d'avilir
ou d'exploiter sans être réduits à courir après la
réparation de nos actes qui enlèvent la sécurité à
toutes les fortunes et la satisfaction de soi-même
à toutes les consciences où chacun ne peut plus

assurer son existence sans courir après son
malheur; voilà ce que nous ont acquis les biens
maudits que la nature nous a donnés avec la vie
pour nous empêcher d'être réprouvés, mais qu'il
faut aujourd'hui acheter à ceux qui nous les ont
volés, à tous les descendants de nos premiers parents, qui ont voulu faire de l'argent avec les propriétés de la vie matérielle, à ceux qui nous ont
fait une conscience spirituelle, une âme imaginaire, une tache originelle éphémère, un paradis
perdu, un bon dieu toujours caché dans tous les
savoirs des mauvais diables qui nous ont masqué
notre originalité dans la contre-nature de notre
ignorance transformée en divinité satanique qui
nous fait trouver l'enfer à la place de tous les pa_
radis perdus, que l'erreur morale et matérielle
nous a empêchés de voir nulle part, et sa posses-
sion partout. Leur contre-nature nous a dénatura-
lisés et désoriginalisés, c'est pour cela que je vais
reprendre les explications de notre origine qui est
restée la base de toutes nos erreurs.

Non, ce n'est pas les différentes espèces de
singes qui ont originalisé les différentes espèces
inhumaines, car si soi-disant, une seule espèce a
été créée et sauvée par l'arche de Noé, les origines
noires n'auraient pas eu de créateur ni de sauveur

puisque ni le créateur, ni le sauveur n'ont fait et
sauvé plusieurs espèces dans l'arche de Noé; ils
étaient eux-mêmes si ignorants qu'ils ne connaissaient même pas toutes les parties du monde et
encore moins toutes les origines de chaque espèce,
car ce n'est pas la sélection qui a pu les engendrer
ni les désoriginaliser, aucune origine ne dépend
ou n'est engendrée par une autre origine vitale,
c'est la mortalité qui fait et engendre la vitalité
des nouvelles espèces qui tiennent toujours de
toutes les formes et de toutes les facultés du dé-
composé des matières qui ont servi à former les
nouvelles origines par des nouvelles espèces formées dans toutes les agglomérations vitales en
décomposition provenant des amoncellements
que les déluges continentaux ou régionaux ont
amassés dans chaque région du monde; ces
masses en fusion, en fermentation font naître et
donnent naissance à de nouvelles espèces de microbes qui forment chaque fois de nouvelles origines, de nouvelles facultés, de nouvelles propriétés et de nouvelles purifications des êtres ainsi
à nouveau formés. Donc notre origine n'est
qu'une origine de causes et d'effets successifs qui
*remontent à plus de cent mille ans avant la création
du nom de dieu,* origines et espèces qui ont été

purifiées, sélectionnées, greffées ou abâtardies,
qui en ont changé la couleur et la physionnomie
mais jamais l'originalité, qui n'a été formée ni
avec le doigt de dieu ni avec la queue d'un chien,
mais absolument comme toute autre origine formée de toutes les matières disparates en disposi-
tions végétales ou animales nées dans la sève de
la fermentation qui leur laisse le tic-tac du mouvement de la chaleur respiratoire et échappatoire
qui fait la respiration, le va et vient de l'âme qui
forme la vie absolument comme lorsque quelque
chose de vital se forme dans un tas de crottin qui
a été laissé livré à la fermentation ou à l'exposi-
tion du soleil, qui continue les nouvelles créa-
tions ou formations qui sont attribuées au doigt
de dieu qui va jusqu'à former des asticots dans
toutes les pourritures et le doigt du bon dieu a
bien voulu se fourrer même dans les excréments
pour les vitaliser.

Voilà le microbe de toutes les formations, de
toutes les origines végétales comme animales;
toutes les espèces animales sont jumelles, mâles
et femelles informes dans les parties sexuelles,
mais que la floraison de leur naissance fait grouil-
ler, épanouir en nouveaux fruits et en nouveaux
sujets qui se fécondent dans leurs éléments les

uns dans les autres qui engendrent les premiers
spermes jumeaux qui se développent en mâles et
femelles, chose qu'on peut constater dans les parties du mâle qui sont toujours doubles ou jumeaux dans toutes les espèces des animaux mâles
qui opèrent chacun leur tour dans le fécondant
de la femelle qui engendre tour à tour mâles et
femelles sans que jamais ils puissent n'être deux
mâles ou deux femelles l'un après l'autre du
même mâle ou de la même femelle ; s'il n'y a pas
eu de pertes de spermes entre les deux opérations
dont la jumellité des parties du mâle qui opère
tour à tour et chacun son tour, sans qu'il y ait
profusion ni confusion de l'un plus que de l'autre,
ç'a n'est que les fausses opérations du Saint-Esprit
qui dérangent le tour à tour des productions
mâles ou femelles par les deux mêmes opérations
et celui qui voudrait obtenir autant de filles que
de garçons ou plus de filles que de garçons ou
plus de garçons que de filles, n'aura qu'à compter
ses opérations ou ses pertes de spermes basées sur
celle qu'il sait avoir fait un enfant à sa femme qui
est toujours le nombre un ou nombre impair et
alors si c'est une fille et qu'il désire encore avoir
une fille il devra opérer sa femme sous le nombre
impair en tenant compte des opérations perdues,

mais si au contraire l'homme veut des garçons
après avoir obtenu une première fille par la première opération il devra opérer sa femme en
nombres pairs tels que 2, 4, 6, 8, 10, 20, 30, 100
ou 1.000 et en nombres impairs s'il veut continuer d'avoir des filles, tels que 1, 3, 5, 7, 9, 11,
101 ou 1.001 et si c'est un garçon qui est venu au
monde le premier ce sera sous le nombre impair
qu'il faudra opérer pour avoir des garçons, si la
comptabilité est bien tenue des opérations par
l'opération il est certain qu'il pourra avoir filles
et garçons quand il voudra et tant qu'il voudra
sans qu'il puisse y avoir aucune confusion ni
aucune déception.

Ce sont là des jalons scientifiques que je livre
à la pratique des sciences savantes soumises à
l'appréciation de l Académie de Médecine; c'est la
clef de toutes les origines, c'est la clef des merveilles du ciel comme des secrets de la vie éternelle que l'inconscience de la nature respecte et
nous livre sur la terre pour détruire nos illusions,
nos fictions, nos prétentions, nos passions et nos
erreurs qui ont été maintenues dans nos esprits
et dans nos demeures par ceux qui n'avaient que
de l'esprit et pas de cœur pour ániser nos consciences et conventionnaliser nos esprits, inferna-

liser et glorifier nos ignorances, sanctifier nos
démences dans la reconversion de chaque dimanche pour alimenter la folie et la contre-nature qui
finit toujours devant la nature qui n'a été morta-
lisée par aucun de ses baisers, mais qui a subi la
déchirure de ceux qui se sont laissé attraper par
ceux qui voulaient les bénir et les sauver afin de
pouvoir les maudire dans le ciel et sur la terre en
les détachant des biens de ce monde pour aller se
faire nourrir en paradis au nom de tous les saints
et saints-sacrements, miracles, mystères, martyrs,
sauveurs, rédempteurs en habits de masque et en
habits de vertu, exorciseurs, lâches, menteurs et
voleurs sans pudeur et sans vertu, marchands
d'orémus, de prières et de grimaces pour nous
avilir et avoir nos écus, et dont dieu lui-même ne
reconnaît ni les grimaces ni la représentation,
puisqu'il les laisse sans argent et sans paiement;
puisqu'ils le font tous les jours descendre sur leur
autel dans le très saint sacrifice de la messe, pourquoi ne se font-ils pas payer leur besogne puisque
c'est lui qui tous les jours les charge de publier
sa gloire, puisque c'est lui le seul, le richissime,
qui les a chargés de le représenter, de faire de la
réclame pour finir ses œuvres; car il n'est pas
croyable qu'il ait voulu en faire des mendiants,

chose qui porterait atteinte à la gloire des gloires
du père bon dieu, lui qui est toujours chargé de
tout nous rendre ce qu'ils nous demandent en
son nom; mais nous n'avons jamais ni vu ni
connu aucune restitution et s'il les a laissés sans
traitement, c'est la preuve qu'il n'est pas content
de leurs services et si le père bon dieu ne paie pas
les traites que ses imposteurs tirent sur lui, bien
qu'il ne soit pas en faillite puisque toute la terre
est à lui, c'est qu'il n'existe pas puisqu'il ne
répond pas et qu'il laisse ses représentants sans
paiement; il n'acquitte aucune traite tirée sur lui,
c'est assez dire et prouver qu'il n'existe pas ou
qu'il est en faillite, puisque ses représentants sont
réduits à la mendicité, puisqu'ils vendent des
pierres pour avoir de quoi manger; si le père bon
dieu ne les reconnaît pas, ne les paie pas, c'est
qu'il n'a pas demandé leurs services, c'est qu'il
déteste leurs prières qui n'arrivent qu'à satan,
puisqu'elles ne sont jamais exaucées, c'est parce
qu'ils ne sont jamais purs ni désintéressés. Qu'ils
se fassent donc payer par satan puisque dieu ne
les reconnaît pas, ne les paie pas, puisque la nature ne reconnaît pas une contre-nature ni sur la
terre ni dans le ciel, qui empoisonnera toutes les
vies originelles de l'univers et de l'éternité et à

laquelle notre raison et notre conscience nous imposent le devoir de ne pas répondre, et de ne pas l'écouter ; si nous ne voulons pas rester victimes, compères et complices de leurs hostilités, il faut nous en débarrasser. C'est nous qui sommes les représentants de dieu sur la terre, puisque nous sommes une partie de lui dont la nature forme la composition de ses entrailles et de son infinité ; c'est nous qui sommes les appareils de sa vitalité, de sa matérialité, de sa divinité, c'est nous en un mot qui sommes une partie de lui-même et lui-même n'est que la composition de la nature formée par sa cause et ses effets, qui engendrent justice et raison, châtiments et récompenses qui sont toujours de la valeur et de la mesure des sentiments qui nous animent par le retour à sa hauteur de la vertu des effets de chaque chose.

Tout est libre, conscient et inconscient de sa dépendance. Les métaphysiciens ne sont donc que des comédiens qui nous fabriquent des croyances obligatoires et des consciences conventionnelles, qui commencent par se faire offrir nos bourses avant d'avoir rien justifié parce qu'ils ont des âmes à nourrir et à sauver sans travailler : ils ont impostasié nos écus, ils ont virginalisé la

honte, anobli la lâcheté et sanctifié l'infamie,
pour faire des pauvres d'esprits à qui on délivre
la propriété du royaume du ciel peuplé de tous
les criminels repentirs,

*Non, il n'y a pas d'intermédiaires entre nous et
notre conscience, entre nous et notre divinité*, non,
il n'y a pas d'intermédiaires entre la *fleur et le
fruit des œuvres de la nature qui se produit dans
l'astre des œuvres de la nature* qui est partout complète et parfaite.

*Non, il n'y a pas de trinité céleste, il n'y a que
des unités universelles* parce que la nature ne s'imagine pas, la nature ne s'invente pas, il n'y a que
ce qui n'existe pas qui est imaginaire, notre volonté ne peut même rien dans tout ce que nous
voulons être, ni dans ce que nous sommes.

Il n'y a qu'une seule divinité sur terre et dans
l'univers, créatrice, fondatrice de toutes les causes
et de tous les effets, cette unique divinité, c'est la
fermentation dont la production est égale à sa
dissolution.

Voilà tous les secrets de la vie tirés des secrets
de la mort : rien n'est supérieur ni inférieur,
toutes les choses sont d'une égale valeur quand
on les laisse dans leur utilité, les gens et les
choses ne sont parasites que hors de leur orbite,

c'est le creuset de la conscience qui produit celui
de la science, celui de la chimie n'en fournit que
la superficie, il n'y a ni oracle, ni miracle, les
phénomènes de la nature sont parlants, il n'y a
qu'à les analyser pour les matérialiser et les comprendre, car tout est merveilleux, grand, simple,
clair, sublime et terrible dans le néant de la vitalité ; le surnaturel n'existe nulle part, pas même
dans le ciel, il n'existe que dans le fléau de notre
ignorance.

Tout dégénère en abus, en vices, le travail
comme la vertu, la richesse, comme la pauvreté,
le bonheur, comme le malheur. Pour bien connaître la vie, il faut d'abord bien connaître la
mort, car pour bien connaître le ciel, il faut
d'abord bien connaître la terre, c'est en nous en-
tretenant dans la science de notre ignorance qu'on
nous attarde dans la science de notre démence.

Depuis le premier âge du monde la science de
la raison facilite le monde pour découvrir la
science de la vérité qui est aveugle comme ses
pieds, qui la suit sans avoir l'instruction pour la
formuler.

C'est l'argent qui fait le travestissement des
sentiments, c'est le trafic de cette quincaillerie
qui empoisonne la justice de ne rien faire, c'est la

noblesse pour les uns et la misère pour les autres,
c'est l'argent qui fait l'oisiveté des uns et la pauvreté des autres.

L'argent c'est le moyen d'être voleur sans perdre son honneur, c'est l'argent qui fait des satans,
des innocents et des malfaiteurs ; non l'argent ne
fait pas le bonheur, au contraire, c'est l'argent
qui fait le malheur. Non, un homme d'esprit ne
peut pas être un homme de cœur, non, un
homme d'instruction ne peut pas être un homme
de raison et ça n'est pas être savant que de connaître la science de tous ceux qui n'étaient que
des ignorants scientifiques chargés de préjugés
des traditions erronées des superstitions et des
fanatismes insensés qui en ont fait des professeurs d'erreurs et des savants d'ignorance parce
qu'ils ne représentent que le savoir du passé et
rien de celui de l'avenir. Ils sont chargés des
erreurs de tous ceux qui ont été des savants et de
tous ceux qui sont restés ignorants, ils peuvent
avoir l'orgueil de leur chargement plein de répé-
titions et d'éruditions, car on est toujours savant
quand on a la science de la conscience, mais on
est toujours ignorant quand l'érudition en prend
la place.

C'est l'école du malheur qui fait le savoir des

hommes de cœur, qui nous rend la science de la
conscience, la seule qui soit notre divinité individuelle. Le présent c'est le passé et le passé c'est
l'avenir, il n'y a point de matières abstraites, tous
les fluides supportent l'analyse, nos sentiments
mêmes ne sont que les auxiliaires de l'électricité,
voilà, la philosophie de la science de la raison,
une philosophie qui se mystérialise, qui se mira-
culise, n'est pas une philosophie, c'est simplement une perfidie qui donne le coup de marteau
dans tous les cerveaux, c'est une attaque nocturne
dans les domaines intellectuels et spirituels qui
infâme ses auteurs, qui relèvent directement du
Code criminel.

La philosophie qui se surnaturalise n'est pas
une philosophie, ce n'est qu'une folie inconsciente des grandeurs cabalistique qui déroutent la
science de la conscience et le discernement de la
raison pour rester la divinité des imbécillités, des
idiotismes endimanchés ou en habits d'académie,
gantés, astucés, et révérencieux à coups de cha-
peaux, de voilettes et de nouvelles toilettes en
grand deuil, affichés pour cacher les coups de
soirées avec des comment donc? Et comment
allez-vous cher ami? chers frères ou chers confrères? ainsi que toutes les phrases banales

d'hypocrisie du grand et du petit monde, instruits, gantés et bien élevés pour savoir bien phi-
losopher au dépend des mal habillés.

Nos illusions et nos fictions matérielles comme
imaginaires transforment nos prétentions en confiance en nous-mêmes, en valeur infinie, chose
qui nous fait croire que nous sommes tous ce que
nous voulons être en croyant que nous sommes
les auteurs de nos volontés comme si nous étions
les auteurs de nous-mêmes, tandis que en réalité
nous ne sommes rien et les auteurs de rien ; nous
ne sommes que les victimes de tous et les ma-
chines de tous sans avoir le mérite ni la responsabilité de rien, car tous nos sentiments et tous nos
actes dépendent des besoins des passions et du
contact matériel et spirituel ou intellectuel autant
que du contact de tout ce qui nous entoure, dont
nous ne sommes que les serviteurs et non les
maîtres, chose qui nous laisse la responsabilité
matérielle, mais qui nous enlève toute la responsabilité morale ; nous sommes des hypnotisés et
non pas des hypnotiseurs, nous ne sommes pas
les auteurs de notre vie, donc nous ne pouvons
pas être les auteurs du sentiment de nos actes ;
c'est la disposition des besoins et des choses
qui nous fait agir en leur nom, mais notre vanité

nous empêche de reconnaître leurs œuvres. Nous
ne sommes pas les maîtres de nos volontés puisque c'est la disposition du mobile qui nous les
fait exécuter, *et du mobile, c'est l'organisation sociale qui en est le dispensateur, le créateur et le
fournisseur.*

La science cherche la vérité, la démence cherche l'absurdité pour se faire dogmatiser, cardina-
liser ou traditionner, leurs maximes ne sont que
des sophismes de stupidité.

Non, la forme ne fait pas le fond, mais c'est
avec la forme qu'on nous fait des illusions, qu'on
trompe la raison.

*Les religions font de la séduction, mais elles
n'ont jamais pu faire de la conviction parce qu'elles
n'ont jamais pu tuer la raison.*

*Elles l'ont bien toujours conduite au tombeau,
mais elles l'ont toujours retrouvée au berceau.* De
complicité avec les états superficiels, elles ont
empoisonné toutes nos facultés intellectuelles,
spirituelles et morales, mœurs, raisons et préjugés, traditions, foi, confiance, conscience, justice
et divinités avec la folie pour guide.

Elles ont infernalisé la terre, l'homme et sa
production. Elles ont satanisé notre raison, dieu
et son nom ; elles sont une contre-nature dans la

nature et un contre-État dans les États ; ce sont
des parasites sodomistes qui font de leur célibat
le sérail de leur prostitution et cela se dit, nos
pères, nos mères, comme si cette vermine à valise
noire et blanche qui nous divise et nous dévore,
nous empoisonne et nous pille, pouvait être autre
chose que des masques, des charlatans à mains
jointes avec des croix et des signes de croix à
mains jointes et à mains armées du glaive fanatique de la barbarie, des inquisitions ; c'est une affiliation satanique au nom des ignorances sans
scrupules et des consciences sans vertus.

Notre bonne foi a donc été surprise, elle nous
a fait prendre au sérieux la philosophie de leur
ignorance pour règle de conduite, pour corrompre
notre conscience et la convertir en démence.

Une religion qui n'a fait que des larrons n'est
que l'école du vol, de la folie et du crime, qui est
le *chloroforme clérical* qui a endormi nos esprits
dans la science des ténèbres, pour nous dévaliser
dans la science des vertus.

Si la récompense de la vie après la mort n'é-
tait pas dans le repos éternel, la résurrection de la
chair n'en serait que le châtiment, car ce n'est que
la matière qui peut être sensibilisée et qui peut
avoir conscience de sa souffrance. Tout est donc

abus dans le ciel comme dans la vertu, car ces
marchands de trompe-la-mort et d'indulgences
pleinières, d'imprécations et de malédictions pour
bénir dieu, les montagnes et les maisons pendant
qu'il y a du beurre et du fromage à râper dans les
ménages, dans les montagnes avec des *ora pro
nobis* et des *credo* pour nous crétiniser par le nom
de Dieu, notre ignorance est devenue monumen-
tale et pour la glorifier ils lui ont fait construire
des palais à un être imaginaire et invisible, mais
matérialisé et naturalisé par des saints en plâtre.

Tous les cultes sont occultes et ils sont la lèpre
de ceux qui les écoutent, leur puissance mentale
nous a toujours été fatale, ils glorifient notre ignorance, ils nous font un dieu selon notre démence,
c'est-à-dire égoïste, vaniteux, superstitieux, jaloux, prétentieux, fanatique, cruel et impitoyable
ou miséricordieux selon nos désirs, le faisant exister selon nos imaginations et selon nos passions,
selon notre civilisation ou selon notre sauvagerie,
croyant l'asservir, l'avilir, le dominer, le tromper, le choyer, le friponner, le prier, le corrompre
comme s'il pouvait être corrupteur, corruptible
et corrompu, puissant, lâche, complaisant et fourbe
comme eux. Le nom du Tout-Puissant a donc été
en tout point l'image et imagé conforme à l'ima-

gination inimaginable de nos savantes sottises et aux glorioles de nos impitoyables absurdités, car les croyances religieuses n'émanent toujours que des calculs et jamais des sentiments, le mobile en est toujours intéressé pour gagner le paradis et éviter l'enfer ; on se confesse pour tromper dieu et par peur du diable, on veut éviter l'un et attraper l'autre en les trompant tous les deux.

La personnalité fictive du nom de Dieu, au nom de qui tous les mouchards mendiants, criminels, escamoteurs, escrocs, fainéants, menteurs et voleurs opèrent pour cacher leur industrie sous le masque de la confession, de la dévotion pour dévorer le salut de leurs victimes en invocations, sous peine de son enfer éternel, n'est qu'une ignoble comédie de charlatans inavouables qui se font adorer en nous avilissant, qui imposent l'horreur, la terreur et l'admiration en affolant notre raison dans un état de pathologie, d'imbécillité mystique pour être considérés comme ces sauveurs à qui on offre et confie sa bourse, sa vie et son honneur pour éviter sa damnation éternelle.

Non, ils ne croient pas en dieu ni au diable ni un mot de ce qu'ils nous disent, car s'ils y croyaient ils seraient aussi imbéciles que nous : s'ils y croyaient ils voudraient le voir et nous le

faire voir et se faire payer par lui ; s'ils y croyaient
ils n'auraient pas besoin de ceux qui n'y croient
pas pour nous le faire croire ; s'ils y croyaient ils
ne le prendraient pas pour un esclave qu'on peut
corrompre avec des prières ; s'ils y croyaient ils
conformeraient leurs actes à leur conduite et ils
n'auraient pas besoin de se carnavaliser pour le
représenter ni de s'adresser à nous pour se faire
payer; ils nous ont imbécillisés pour soumettre et
conformer nos croyances à leur ignorance, mais
la raison et la justice n'y croient pas et la justice
du nom de dieu encore moins. Ce sont des marchands de microbes en robe, à formule de marchands de crapules dont le seul contact suffit pour
empoisonner la vie, la raison, l'honneur et la liberté, c'est une secte qui infecte la vie, les mœurs,
jusqu'à nos obligations, jusqu'à notre civilisation
chaque fois qu'elle touche à ce poison.

Les mariages civils, les baptêmes civils, les
enterrements civils n'appartiennent qu'à ceux qui
ont leurs droits civils, les autres ont tous perdu
leurs droits civils puisqu'ils sont pourvus du ca-
sier judiciaire de la confession qui les a ordonnés
larrons.

C'est une complicité d'association de mendiants suspects, errants et vagabonds qui n'ont

pas la qualité du droit civil ni commercial, puisqu'ils ne sont même pas en location, ni patentés
pour acquérir quelque chose au nom de leur industrie qui les empêche d'avoir une famille et un
domicile fixe, stable et honorable ; leur vie et leur
logis ne dépendent que de la charité publique, de
la pitié publique, qui ne relève que de la terreur
qui les a dispersés comme des juifs-errants sur la
surface du globe, plantant, traînant la croix
et les signes de croix comme des oiseaux de proie,
comme des gibiers de potence, pour échapper à la
responsabilité de leurs actes, qui les poursuit
comme leur ombre ; ils croyaient que personne
ne pourrait jamais révéler les secrets qu'ils ne
connaissaient pas eux-mêmes ; la forme leur a
caché le fonds qui les a fait masquer sans savoir
qu'ils sont masques, sans savoir qu'ils sont affiliés
à une association secrète qui les fait atteindre un
but et un résultat secrets dans les pratiques de
formes religieuses et paradoxales avouables pour
masquer le but inavouable, insondable du double
point de vue qui ne peut être ni deviné, ni avoué,
mais qui est tout glorifié par ceux qui sont atteints.

Voilà la clef du *vitam æternam* des ténèbres du
moyen âge et du paganisme qui a fabulisé le

monde dans les sciences occultes du guet-apens
surnaturel.

Voilà ce qui devait éterniser les secrets de notre
avilissement et de leur domination, la vermine
noire à forme humaine bénissant dieu et le ciel
avec des holocaustes, des sacrifices humains et
des bûchers pour purifier la terre des incrédules
de la libre-pensée et de la puissance philosophique
de la raison qui a toujours été la bête noire de
leur ténébreuse association qui laisse le but atteint toujours secret, toujours démenti quand il est
philosophé ou révélé, parce que celui qui les de-
vine ne peut pas les révéler ni les confier à personne sans être perdu, parce que pour vivre dans
leur association il faut refuser de croire à la raison. Ils ont été faits masques avec déviation, il
faut qu'ils restent masques avec précaution.

Ils ont été faits satans sans le savoir et sans le
vouloir, ils ne représentent que son erreur, c'est
la folie qui les fait exorciseurs, c'est la folie qui
les fait monseigneurs, c'est la folie qui les fait
prédicateurs; voilà les secrets du masque de leur
association, qui les empêchent de se connaître
eux-mêmes, de se maudire eux-mêmes et qui les
fait esclaves chaque fois qu'ils croient être libres.

Ce sont des sauveurs qui ont besoin d'être sau

vés de la science de leur ignorance et de leur inconscience, de la science, de leur ténébreuse ignorance, de leur ténébreuse hypocrisie qui a barbarisé leur cœur, fanatisé, endurci leur esprit en
expropriant leur conscience et en crucifiant leurs
sentiments : ce sont des misérables insensés et insensibles qui savent lire, écrire et formuler le nom
de dieu sans jamais rien sentir et comprendre de
ce qu'ils disent; ils sont insensés et insensibles à
tous sentiments et à tous raisonnements, feignant
et évitant toutes discussions contradictoires de
leur profession, comme de simples déclassés qui
reconnaissent péremptoirement que leur métier
est inavouable, car la discussion de leur métier
n'est acceptée en conférence qu'entre confrères ou
compères où les demandes et les réponses sont
préparées à l'avance, comme en un catéchisme qui
n'est qu'un récit d'une théorie en démence dont
l'innocence de la nature aurait infernalisé le ciel et
la terre pour satisfaire la cruauté et la criminalité
d'un être supérieur tout-puissant, miséricordieux,
riche et bon qui nous fait dépendre de la prière
des livres comme si nous n'étions que de simples
ratichons à modestie contrefaite, baraguinant les
mêmes pages sans les comprendre ni les apprendre : ils ne connaissent que les litanies et les

de profundis ; il leur faut un bréviaire ou un livre à la main pour savoir dire *amen.*

Ils ont barbarisé et inquisitionné, cupidifié l'homme pour mieux le faire ressembler à son rédempteur qui a voulu être le 7ᵉ bâtard de la très sainte vierge Marie, qui a enfanté Jésus par l'opération du Saint-Esprit.

Voilà la hiérarchie de notre sainte religion et de notre saint esprit, créateur, rédempteur du monde et peut-être de l'univers, car toutes les mêmes ignorances possèdent le même dieu ou les mêmes phénomènes ; c'est pour cela que les vierges Marie qui désirent être opérées par le saint esprit choisissent toujours Jésus pour époux représenté par les cochons célibataires de l'église qui se chargent parfaitement de la commission et de l'opération envers leurs belles pénitentes qui n'enfantent jamais que des fœtus ; les cachots et les cloîtres des couvents ont révélé l'angelus de cette légion d'assassinats patriarcaux, monacaux et cloîtraux.

TRAITÉ DE PHILOSOPHIE
SCIENTIFIQUE

Dans le fond comme dans la forme et selon les
religions, toutes les espèces animales ont été créées
comme nous par une divinité puisqu'elles ont été
aussi sauvées par l'Arche de Noé. Comment se
fait il alors qu'elles n'adorent pas et qu'elles ne
reconnaissent pas leur créateur, puisqu'elles n'ont
ni religion, ni représentation, ni dieu, ni diable à
craindre ou à blâmer ; elles sont absolument philosophes, puisque leur science les empêche d'être
aliénées comme nous, car il n'y a que l'espèce humaine qui a des asiles d'aliénés, parce que il n'y
a que notre espèce qui a prétendu être supériori-
sée, notre orgueil nous a satanisés, c'est cela qui
nous a assujettis aux mystères et aux fables de
l'Arche de Noé et du déluge universel, aux mystères et aux fables du doigt de Dieu, du nom de
Dieu qui tient lieu et place du nom de notre ignorance modernisée et modifiée par les sciences du
péché mortel qui accusent le ciel de tourner au- .

tour de nous comme Adam autour de son paradis
perdu, mais retrouvé dans le ciel sans souillures
à côté de son créateur qui a rédemptorisé tous les
imposteurs pour orner son paradis de tous les misérables repentis qui ont tué Dieu pour boire son
sang et manger son corps pour se faire pardonner de l'avoir crucifié avant, pendant et après sa
mort. Mais en ce cas le Christ n'est pas un mar-
tyr, puisqu'il a voulu mourir en favorisant ceux
qui l'ont aidé à n'être qu'un imposteur pour nous
jouer la comédie de sa mort, de son martyre et de
notre salut semé d'embûches et de guet-à-pens
pour se faire manger à mains jointes et à genoux
dans tous les *c'est ma faute*, qui apprend à se la-
menter pour obtenir de se faire dépouiller afin
d'être litanisé dans le ciel en récompense de l'a-
bandon des fruits de la terre. C'est une escroquerie à mains jointes, ornées de chapelets, de crucifix, le glaive au cœur, la prière à la bouche, le
goupillon en main, le poignard en poche, pour
assassiner notre indépendance, nos amours, nos
mœurs et notre raison à coup d'extrême onction ;
car c'est souvent et toujours au pied d'un mori-
bond anéanti et terrassé que le curé connait le dernier secret des secrets quand il y en a un à connaître c'est la révélation dernière, c'est le coup du

policier fait au dernier moment de la vie et au nom de la mort, car c'est avec ces monstrueuses lâchetés qu'ils ont toujours connu tout ce que le nom de Dieu n'a jamais connu,

C'est avec cela qu'ils ont supprimé tous les germes de la raison et de la vérité philosophique que les clergés, les papes et les rois ont de tout temps égorgées pour ensevelir la civilisation dans les bûchers et les tortures de l'inquisition.

Voilà à qui nous sommes confiés par nos pères, voilà à qui on nous a livrés pour nous sauver, car ils n'exercent la profession du nom de Dieu et de bénissseurs que pour cacher la profession de menteurs et c'est pour lui qu'on les nourrit avec tous nos meilleurs fruits et qu'ils nous paient avec ces mots : dieu vous le rendra ; avec ce nom on leur fait l'aumône à mains jointes, à chandelles allumées pour être bien noté comme si c'était un malheur conjuré au nom du bon Dieu qui n'a pas le moyen de les nourrir ni de les payer. Ce sont ceux-là qui sont des malins, ce sont ceux-là les coquins qui sont la vermine de ceux qui ont pauvre mine, ce sont ceux-là qui ont empoisonné la société et la postérité pour en faire des réprouvés. Ce sont ceux-là qui ont travesti leur habit pour cacher leur bistouri, ce sont ceux-là qui sont des

parasites fractricides, infanticides, qui ont avili
l'homme à la prostitution jusqu'à lui donner une
robe pour cacher son célibat en dénaturant jusqu'à la nature ; ce sont ceux-là qui opèrent les
nonnes, les vierges, les femmes et les nouvelles
mariées au nom du Saint-Esprit sans qu'ils fassent
de petits jésus ; ce sont ceux-là qui sont la lèpre
des lèpres, ce sont ceux-là qui ont efféminé, avili,
apostasié nos libertés et notre honneur et les
droits de l'homme, ce sont ceux-là qui sont des
ingrats, des renégats, des lâches, des monstres et
des bandits, ce sont ceux-là qui ont originalisé la
tache originelle de notre innocence, ce sont ceux-
là qui, par des pratiques surannées et cabalistiques,
sont arrivés à sataniser nos consciences en philo·
sophant nos absurdités pour les transformer en
divinités, voilà les esprits malins qui nous ont
donné des âmes à sauver par l'exploitation des vivants par les morts, ce sont ceux-là qui ont vir-
·ginalisé toutes le pleines de grâce qui vont offrir
le reste de leur paradis à leur mari ; ce sont ceux-
là qu'il faut circoncisionner, car les reptiles seuls
traînent leurs queues et l'homme n'est qu'un rep-
tile quand il veut être subtil, quand il veut aussi
traîner la sienne, il tient le flacon de la barbarie
civilisée à mains jointes qui n'est que le bocal de

la perfidie, de l'hypocrisie, de l'égoïsme, de la vanité, de l'imbécillité, du fanatisme, c'est la formation et le chloroforme du malheur qui a le nom
de Dieu pour auteur et malgré cela ces curés ne
sont jamais pleins, ils convoitent encore les grasses
donations que leur font les moribonds au nom du
bon Dieu qu'ils traînent partout, même au labo-
ratoire du purgatoire. Voilà le cas qu'ils font de
nous, de lui et de son paradis avec le cynisme et
le parasitisme social en subtilisant les perfidies et
infernalisent les infâmies.

Le salut de chacun est une affaire personnelle
et il n'y a personne qui puisse le faire pour nous,
ni à notre place, ni par représentation, ni par un
autre, ni à la place d'un autre, ni avec l'argent
d'un autre ; ce n'est pas une fonction publique,
c'est au contraire un secret de conscience et non
pas une jonglerie publique, c'est un culte secret
et non pas une vanité théâtrale, désordonnée et
insensée qui dégénère en distraction mondaine,
frivole, bornée, inconsciente et abrutissante.

Le culte d'un être imaginaire n'est qu'une
blague qui a été prise au sérieux, dont les effets
sont devenus phénoménaux.

Voilà l'écriture sainte qui n'est ni là, ni ici, ni
ailleurs, mais qui est dans tous nos cœurs, sans

que nous puissions en être les inventeurs, chose qui fait que nous sommes tous des saints et des sauvés sans être ni saints ni sauveurs ; nous n'avons donc rien à donner ni rien à recevoir de leur institution ; ce sont des hors-d'œuvre auxquels personne n'a le droit de toucher sans être empoisonné ; on ne discute pas avec la folie sans être affolé, on ne raisonne pas avec la déraison sans déraisonner. La vérité, la conscience et la raison n'ont pas d'évangiles, elles se suffisent à elles-mêmes, sans révélation et sans superstitions ; le commerce des esprits ne se fait qu'au dépens de ceux qui les écoutent. Le dieu et le diable ne sont que deux divinités éphémères, nées d'un contact sentimental qui couvre le monde d'iniquités légales. La légalité n'est pas une moralité et encore moins une divinité mais elle est une absolution dans toutes les faussetés, il n'y a que la répartition de la prière du travail qui soit une moralité, une pureté et une justice, c'est par la prière du travail que nous sommes grands, riches, justes, divins et nobles, tout le reste n'est que calcul conventionnel et par suite mortel, tout le reste n'est que gloriole bornée ou valeur artificielle, qui met la honte à la place de la gloire et le crime à la place de la vertu et qui laisse notre noblesse à ceux

qui n'ont que nos écus, qui convertit toutes les
non valeurs en titres de rentes sur le dos des travailleurs.

On a chanté nos esprits, on a fabulisé nos
consciences pour dérouter notre raison et glorifier nos imaginations, on a décoré notre ignorance
du nom de Dieu qui nous donne les vertus du
diable, car rien n'est saint ni sacré, dans le sacré
nom de dieu, c'est le sentiment de nos sentiments
qui nous le fait invoquer, maudire ou bénir. C'est
le surnaturel de nos croyances qui affole nos
consciences, pervertit nos esprits au nom du ciel,
dont ils croyaient que jamais personne ne pourrait relever les secrets qui devaient rester le fonde-
ment de leur domination ; pour qu'aucune révélation ne leur échappe, ils ont inventé la police
secrète de la confession qui a couvert le monde
de tortures, d'assassinats et de bûchers pour rôtir
les révélateurs, les inventeurs, les libres-penseurs
et les philosophes au nom d'un bon Dieu égoïste,
cruel, jaloux, barbare, qui avait osé vouloir connaître les secrets de sa nature, de sa gloire, de sa
puissance et de son infaillibilité, auquel rien et
personne ne devaient pouvoir échapper, par le
moyen de la police secrète au confessionnal qui
leur a livré tous les secrets des secrets de notre

ignorance qui a fait leur puissance, secrets et puissance qu'ils nous disent tenir de Dieu lui-même en foudroyant tous ceux qui ont eu la témérité de se mesurer à lui

Car prétendre connaître la science de Dieu et celle du ciel, c'était prétendre connaître les limites de leur ignorance jalousement gardé par les fanatisés de toutes les sentinelles de la y..au qui leur disait tout et leur donnait tout avec des *c'est ma faute*, et des *ora pro nobis* qui transformaient tous ces ignorants en savants et tous ces imposteurs en sauveurs, chose qui les a fait si puissants, si cruels et si terribles que chacun a voulu avoir un curé dans sa famille pour être préservé et glorifié au nom du seigneur et des seigneurs de tout, au nom du ciel et des hommes, et tout cela parce que l'ignorance du premier homme a voulu se croire supérieur et prendre au sérieux une fable obligatoire surnaturelle que des imposteurs ont arrangée à leur manière pour se faire adorer et nourrir. Comme la sottise est toujours égoïste et orgueilleuse, les choses les plus ineptes ont été surnaturalisées et jugées comme secrets divins, insolubles comme étant des divinités mystérieuses, miraculeuses et surnaturelles qu'il faut craindre et adorer pour ne pas être foudroyé.

Tous ceux qui se disent savants et prétendent
avoir le don de consulter Dieu, de le connaître et
de l'interpréter, sont des ignorants plein d'impos-
tures qui remplacent leur savoir par l'ignorance
obligatoire qu'ils imposent comme science surnaturelle, céleste ou divine, qui nous les fait prendre pour des dispensateurs, des distributeurs et
des connaisseurs de tous les secrets de l'univers,
pour qui le ciel et Dieu n'ont rien de caché ; mais
il faut se confesser pour faire connaître à ce dieu
toutes ses pensées et en obtenir en retour tous les
bienfaits. Croyant de s'être confessé à Dieu on ne
s'aperçoit pas que c'est à un homme en robe
qu'on a tout dit et que c'est le nom de Dieu qui a
couvert celui de Satan qui se déguise en seigneurs,
monseigneurs, évêques, prélats, cardinaux, cha-
noines ou papes, qui tous se sont notabilisés avec
nos crédulités et nos imbécillités pour en faire des
infaillibilités ; voilà comme nos sottises sont devenues des divinités et nos croyances de monstrueuses ignorances qui nous font exister à l'i-
mage de leur imposture, que nous acceptons
comme les représentants de notre divinité, qui
nous font égoïstes, jaloux, cruels, féroces et barbares comme le seigneur notre Dieu qui nous demande le sang et le sacrifice des innocents en ho-

locaustes sur nos autels pour obtenir toutes nos
richesses, pour apaiser son courroux en ce monde
et nous fabriquer un paradis dans l'autre, pour
tous ceux qui n'ont plus d'esprit dans celui-ci :
voilà ce qui fait notre masque, qui empêche de
pouvoir nous connaître nous-mêmes et de comprendre que tous ces braves gens ont organisé
l'école du vol en principe social sous les faux
noms de religion, de noblesse et de vertu ; les malfaiteurs et les voleurs légaux emportent le premier
prix d'honneur ; donc le nom de Dieu ne serait
qu'un confrère, compère et complice des œuvres
de Satan puisque c'est lui qui en est l'auteur et le
distributeur pour nous faire trébucher dans sa
miséricorde qui ne serait qu'une infâme comédie
érigée en perfidie sociale.

Car ce sont les cultes qui ont monopolisé les
savoirs des sciences occultes, qui ont commencé
par nous salir afin de pouvoir nous blanchir ; ils
ont flétri et glorifié nos imaginations, nos sottises
et nos vanités pour duper et avilir nos actions ;
on nous a supériorisés pour nous inférioriser,
nous avilir, nous dominer, bien qu'ils n'en sa-
vaient pas davantage du temps primitif des nations. S'ils n'avaient pas été lâches et imposteurs,
ils n'en auraient pas fait un métier, ils auraient

étudié avant de dogmatiser, ils auraient réfléchi
avant de syllabuser, avant d'excommunier et de
miraculiser des ineptes absurdités en s'attribuant
des fonctions et des pouvoirs imaginaires qui leur
enlèvent le bénéfice et la qualité de bonne foi
qu'ils invoquent et la sottise des premiers ignorants du monde ne pouvait pas soupçonner que
leurs successeurs seraient un beau jour des apôtres, des seigneurs et des monseigneurs habillés
en robes comme des microbes qui trompent la
nature en nous baragouinant des phrases cabalistiques qui ne font paraître ni disparaître ni Dieu
ni diable contenus dans leur petit albert ou bréviaire qui fait toujours marcher leurs mâchoires
sans savoir ni comprendre ni sentir ce qu'ils
disent, afin qu'ils soient toujours occupés et pré-
occupés à tourner des nouveaux feuillets qui les
empêchent d'avoir le cœur, la conscience, l'esprit
et la réflexion libres, qui leur enlèvent tous les
liens de famille qu'ils peuvent avoir contractés
dans leur jeune âge pour les dissentimentaliser
dans des distractions surnaturelles qui les occu-
pent et les empêchent de voir, de connaître et de
comprendre qu'ils appartiennent à une société secrète, que leur bonne foi primitive et superficielle
a frappé la sincérité des êtres innocents qui ont

cru servir et sauver la société et leur conscience
en servant le nom d'un être surnaturel qui ne leur
livre en ce monde que joies, bonheurs, honneurs,
gloires et félicités, qui en même temps les débar-
rasse de la responsabilité de leurs actes, dont le
nom de Dieu assumait la charge, au nom de qui
ils devaient continuer de faire le salut des autres
en les maintenant dans la misère ou la mendicité
afin qu'ils ne continuent jamais d'autres fortunes
que celle du ciel pour retenir le monde sous tutelle
des prêtres trompés, fanatisés, pour faire applica-
tion de la théorie théocratique inexorable et absolue qui s'est fondée dans les bûchers, les guerres
saintes et les Saint Barthélemy, les saintes inquisitions qui ont barbarisé toutes les civilisations et
toutes les incarnations des saints esprits dans tous
les monastères, cloîtres et couvents, dont les
saintes choisissent toujours Jésus pour époux qui
les opère toujours sous la forme d'un moine qui
vient les consoler et les sanctifier en les faisant
recevoir la visite du seigneur sans perdre les espèces du saint esprit pour en faire des vierges
marie dans leur immaculée lingerie qui retient
leur front bandé comme si elles avaient le cerveau
malade pour toujours appartenir à Jésus et nous
jouer le tour de leur inaltérable dévouement ali-

menté avec les meilleurs sujets et les meilleures
fortunes de la société civile, parce que toute leur
science les rend incapables de se suffire à eux-
mêmes. Et puisqu'ils ont le célibat et la contre-
nature pour créature, pour credo et pour profession ils ne devraient pas avoir besoin de nous
pour vivre, ils ne vivent que parce que nous les
écoutons, nous sommes leur vie et ils sont notre
mort.

Non, les sauveurs ne sont pas des mendiants,
non, les sauveurs ne sont pas des fainéants, non,
les sauveurs ne sont pas des imposteurs, ils sont
au contraire des pères de famille et non pas des
pères d'église, ils sauvent la famille à la sueur de
leur front et non pas avec le goupillon, ils travaillent et nourrissent la société et ils ne l'avilis-
sent pas, ils travaillent et nourrissent leurs petits
et ils ne les maudissent pas, ils travaillent et ne
mendient pas, misérables voilà ce que vous ne
faites pas et pour nous sauver vous n'avez qu'à
vous sauver, si vous voulez qu'on ne vous attrape
pas, car c'est avec la science de nos crédulités que
vous nous avez imbécillisés, c'est avec la science
de notre ignorance que vous nous avez empoi-
sonnés et dupé notre confiance, vous ne croyez à
rien pas même à vos *De Profundis* ui n'arrivent

que vingt-quatre heures après notre mort ou jugement dernier, pour corrompre celui qui ne l'a
pas prononcé ou du moins pour pervertir et dépouiller les vivants par les morts et en même
temps glorifier les regrets sans regrets de parades
sentimentales qui n'existent pas quand ils ne sont
pas ensevelis dans le cœur, qui ne les affiche pas,
mais qui ne périssent pas, car ceux qui ont du
cœur ne sont pas imposteurs, ils ne cherchent pas
à tromper le nom de Dieu ni la mort. Ils font
commerce de toutes les marchandises, de tout et
de rien, mais toujours au nom du bon Dieu, ils se
chargent de l'acheter, de le vendre, de le corrompre, de le manger, de l'avilir pour nous anoblir,
pour échapper à son enfer, ils nous demandent la
bourse ou la vie. Le père bon Dieu ne les nourrit
pas, ne les paie pas, ne les reconnaît pas et nous
devons faire comme lui, ne pas les payer ni les
nourrir ; ils sont sa vermine qui nous dévore en
son nom, et comme toutes les espèces vitales se
débarrassent de leur vermine, nous devons nous
débarrasser de la nôtre. Car il faut d'abord respecter la vie pour avoir le droit de plaindre la mort.

Les abeilles se débarrassent de toutes celles
qui ne travaillent pas : serions-nous donc plus
lâches et moins civilisés que ces voleuses, serions-

nous donc plus vils, plus corrompus que nos corrupteurs, puisque nous mettons toute notre éner-
gie à vouloir leur ressembler, à vouloir les imiter,
puisque nous voudrions avoir comme eux le fouet
de leur vertu que notre argent transforme en fainéants, seigneurs et maîtres. Ce sont des parasites
qui méprisent la main qui les nourrit, qui méprisent la prière du travail qui en fait un chancre
conservateur de la plaie sociale.

La science du nom de Dieu n'est donc que la
science du mensonge perfectionné que les préjugés et les traditions ont converti en titres d'honneur ; c'est donc le nom de Dieu qui est le nom
de notre ignorance, qui les fait vivre au dépens
de la prière du travail, la seule qui conduit à la
pension de la fortune, à l'honneur et au repos
sans avoir été favorisés par notre démence.

Dieu c'est la nature. Satan c'est la contre-nature et comme ils ont pris le soin de se masquer
pour se distinguer, nous ne pouvons nous tromper. L'aspect de leur silhouette est partout sinistre,
leur accoutrement contre nature et désordonné
nous avertit qu'il y a du danger à les toucher, à
les fréquenter, à les écouter ; c'est un poison du-
quel il faut nous tenir éloignés, ils produisent un

désastre intellectuel dans toutes les facultés sus-
ceptibles du germe de la folie.

*Évitons leur contagion ; ce sont ces pestiférés
que nous devons isoler dans un ou plusieurs asiles
coloniaux d'aliénés afin qu'ils puissent bien prosti-
tuer la nature et la contre nature en congrégation et
en communauté dans le célibat religieux ;* là nous
verrons si les pratiques superficielles qu'ils exercent somptueusement envers nous au nom du ciel
pourront les nourrir, les glorifier et les fertiliser,
car alors il faudra bien qu'ils travaillent pour
nourrir leurs petits Jésus, s'ils veulent sanctifier
les lois de la nature dans le sanctuaire de la paternité, sous peine de périr couverts d'opprobres et
de honte ; c'est là que nous verrons s'ils sont capa-
bles de se régénérer, de se purifier et de se réha-
biliter en conservant les vertus du célibat avec
les mœurs et les lois du ciel qu'ils ont pratiquées
sur la terre au nom du père bon Dieu, qui ne nous
a donné que des infirmités pour lui ressembler,
mais qu'il a voulu guérir en se faisant boire et
manger par cette infirmité qui le réduit tous les
jours en ruine avec toutes les merveilles de la
science. Dieu et les représentants du père bon
Dieu ne sont donc que des imposteurs bornés,
sots, naïfs et égoïstes, féroces, cruels et barbares

comme des divinités et en tous points conformes
à ceux qui l'ont inventé et en asile colonial d'a-
liénés nous verrons si ce sont ceux-là qui sont nos
supérieurs ou si ce sont ceux-là qui ont évangélisé
les lois de satan, ses pompes et ses œuvres, car en
tout temps et en tous lieux, jusqu'à ce jour, nous
n'avons été que les exécuteurs de leurs volontés
qui nous a fait dépendre de leur infernalité : voilà
de quoi et de qui nous ne sommes que les esclaves
après avoir été leurs disciples et leurs apôtres.
Dieu après l'avoir tué, est mangé pour mieux le
digérer et le mettre en ruine avec toutes les merveilles de la cuisine qui est le purgatoire de toutes
les indulgences pleinières et cancéreuses que le
père bon Dieu a enroulées dans nos entrailles,
afin que les gourmets puissent mieux salir la
muraille qui commence par être un moulin à café
et finit en pâte de moutarde, chose qui en tra-
vestit la parfumerie pour mieux nous faire ressembler à lui ; sa gloire est donc bien éphémère,
même quand elle est bien parfumée puisque sa
puissance a bien voulu passer dans nos moulins
à café pour nous faire célébrer sa gloire et sa
vertu aux endroits ou chacun est obligé de montrer sa nudité.

Tout est donc superficiel, tout est parade, tout

est mascarade, tout est conventionnel, même l'existence du père éternel; il n'y a que notre ignorance qui nous reste pour le compte de notre divinité; voilà ce que nous avons dans chaque po-che, avec chacun notre moulin à café sous le nez, un cancer stomacal qui est le cadeau que le père bon Dieu nous a fait pour mieux lui ressembler puisqu'il nous a créés à son image et voulu se faire homme pour nous sauver de lui.

Tout cela est grotesque, puéril, mesquin, fourbe et insensé, ironique et dérisoire, c'est la dérision qui en a fait une religion de stupidité obligatoire, absurde et surnaturelle, mais divini-sée par les imposteurs insensés qui ont voulu su-périoriser leur ignorance qui est leur génie infini, fabulisant ainsi le ciel et la terre pour satisfaire le besoin d'expliquer la grandeur de leur imagina-tion restée mystérieuse et douteuse, mais qui nous a retenus plus de six mille ans dans la dé-mence du premier âge, depuis la formation de l'homme ou plutôt depuis le commencement de son perfectionnement, époque où le nom de Dieu n'était pas encore inventé pour créer le ciel et la terre qui avaient toujours existé avant lui ou avant son nom, puisqu'il y a plus de cent mille ans quadruplés que la terre est en état de dissolution

dans un ciel qui existe de toute éternité par l'effet
de la fermentation pétrifiant le néant et éclairant
l'éternité, car il n'y a dans le ciel aucune limite
ni aucune trinité, il n'y a que des unités et les
trois étoiles qu'on dit être les trois rois du roi des
rois existent depuis quelques centaines de mille
ans avant Jésus; mais il est certain qu'elles dis-
paraîtront une à une avant cinquante mille ans
comme toutes celles qui sont visibles aujourd'hui
à l'œil nu, qui à cette époque deviendront périodiquement des lumières éteintes qui feront le
même parcours et la même fin que celle que nous
habitons avec plus ou moins de temps selon leur
volume et leur éloignement du soleil et celles qui
les remplacent ou qui les remplaceront seront invisibles pour nous, soit par leur moindre grosseur, soit parce que nous nous éloignons tous les
jours de leur emplacement.

Il sera donc difficile d'y trouver un emplacement convenable pour le paradis des anges et des
saints, des moutards et des imbéciles accompa-
gnés de tous les criminels repentis en chair et en
os, avec chacun leur purgatoire, buvant, man-
geant avec toutes leurs dents sans pouvoir aller
salir la muraille, sans compter qu'il faudra encore
un bien plus grand emplacement pour tous les

maudits dont les flammes mettront le feu même
au paradis ; en ce cas les anges et les saints seront
dans la fumée, et en paradis, les femmes seront-
elles nues ou bien habillées, y aura-t-il des péchés
mortels, véniels ou simplement des péchés mi-
gnons et si on y retrouve tous ses parents et amis,
on doit également y retrouver tous ses ennemis,
les belles-mères et toutes celles qui convoitent
notre modestie, car il sera bien difficile à tous les
sans culottes de ne pas jouer du conjungo, mêler
vos gigots au milieu de toutes les vierges mariées
à Jésus qui ne demandent que la bénédiction
nuptiale des capucins avec les capucines, qui fini-
ront par s'insurger d'être toujours assises à la
droite ou à la gauche du père bon Dieu, qui lui-
même n'avait pas de femme avant le septième enfant de la vierge Marie dont le fils de Dieu a été
reconnu pour être son fils.

Le trinité se trouve donc quadruplée par l'arrivée au ciel de cette femme de Dieu et mère du
fils de Dieu; donc Dieu lui-même l'a reconnue
pour être sa femme avant et depuis qu'elle a été
dogmatisée et reconnue immaculée-conception,
avant le père bon Dieu n'avait que son saint-esprit, mais maintenant qu'il a un gouvernement,
une femme et un fils qui démolit le mystère de la

sainte trinité; toutes les gens du paradis vont
avoir à compter avec son fils crucifié pour les
avoir sauvés, c'est elle qui présidera avec son fils
au déjeuner, au dîner, au souper et à la danse des
splendides soirées, dont le père bon Dieu ne sera
que le cuisinier; c'est elle qui, en robe nuptiale,
conduira les effets de la digestion au saint-sacre-
ment du dépotoir, car il ne faut pas oublier que
tous les élus du ciel seront pourvus comme sur la
terre de leur moulin à café qui ne débite pas de la
farine de moutarde et qu'il y aura aussi au ciel
comme sur la terre des vidangeurs pour curer les
cabinets à moins que chacun fasse dans sa culotte
ou dans sa chemise s'ils sont encore en odeur de
pudeur ou de sainteté, car les bébés auront pro-
bablement fait par terre ou sur les bancs, chose
qui rendra le paradis inhabitable, mais dont personne ne pourra sortir, il faudra s'écraser ou se
voir étouffer avant d'avoir pu revendiquer l'enfer
éternel plutôt que le paradis éternel.

C'est à ces moments-là que le père bon Dieu
lance des éclairs et des coups de tonnerre, que le
ciel s'obscurcit de nuages, que la terre tremble
sous ses coups de foudre, le ciel est en feu, les tables, les chaises et les plats sont renversés, fra-
cassés, brisés, anéantis.

C'est là que le père bon Dieu se repent d'avoir créé l'homme semblable à lui et de l'avoir fourré dans son paradis ; il les maudit, car là au moins le feu purifie les airs et les digestions sont rapides, on se chauffe et l'on boit des bouteilles entre amis ; mais il n'y aura pas de prostitution et pour faire de l'incarnation il faudra être pur de cœur et saint d'esprit pour ne pas aller en paradis, car ça n'est que là qu'on est maudit, sans compter que l'univers entier ne suffirait pas pour l'emplacement de ces deux établissements qui sont aussi imaginaires et aussi fictifs l'un que l'autre ; ils sont aussi imaginaires que tous les miracles, mystères de la trinité, de l'incarnation, de la rédemption, de l'immaculée-conception et de l'infaillibilité du pape, qui, cependant, a été créé par l'opération du saint-esprit, comme tous les hommes qui sont restés hommes sans être devenus imposteurs ; car le pape n'était pas infaillible avant 1870 et c'est pour cela qu'avant cette date nous n'avons connu et pratiqué que ses erreurs qui sont infaillibles aujourd'hui par l'encyclique des anciennes et nouvelles cliques qui ont voulu faire du nouveau surnaturel pour dérouter la raison.

Le monde et la vie du monde ne sont qu'une

fournaise végétale et animale formée par la succession des dissolutions des unes sur les autres,
dont la fermentation forme et déforme et reforme
toute la création qui fait naître et disparaître chaque chose dans son élément contenu dans l'œuf
de la terre en état de dissolution où chaque élément digère et dévore sa substance pour aider le
ciel et la terre à retourner les matières premières
à leur état primitif ou liquide, venues des régions
célestes hors de la portée de l'influence du soleil,
chose qui a engendré la philosophie des cultes
qui ne sont que des sociétés incultes, sottes, bor-
nées, incapables à ambitions politiques, instruites,
à fortunes suspectes, où tous les biens et avoirs
ou richesses qu'ils possèdent ne sont que des
biens acquis par abus de confiance, escamotés,
escroqués ou volés, c'est un héritage qui revient
à la postérité, chose qui rendra à la terre son paradis perdu par les calotins et les diablotins.
l'évacuation de tous ceux qui en sont les jupiter-
nam.

Qui nous affranchira de cette armée des ténèbres en masques de vertu? Comme si le ciel et la
terre n'étaient pas assez grands pour représenter
son auteur sans avoir besoin de nous faire ressembler à lui pour nous jeter dans les flammes

de la folie, de l'orgueil qui nous assujettissent à une infernale vie éternelle.

Avons-nous besoin de cette clique pour nous dominer, nous asservir, nous duper et nous avilir, qui nous demande la bourse ou la vie au nom de Dieu pour sauver nos âmes?

Notre salut n'a été inventé que pour nous affoler, nous confusionner et nous duper.

Ils se sont monseigneurisés et cardinalisés en robe noire et rouge, pour féodaliser la postérité; c'est une clique de clinique satanique et de transubstantialionnalistes qu'il ne faut pas transubstanter ni transplanter nulle part.

Le nom de Dieu et Dieu lui-même n'existent que dans nos imaginations et ceux qui le font ainsi exister dans nos esprits pour en faire de la marchandise surnaturelle seront saisis et séquestrés pour arrêter le débit de ce poison insaisissable dont les effets sont épouvantables, puisqu'ils produisent la déraison qui engendre la folie; voilà la boisson qu'il faut supprimer; c'est le microbe de la superstition, c'est le microbe du royaume des cieux, c'est le microbe du fanatisme, c'est le microbe de l'esclavage, c'est le microbe de l'hypocrisie, en un mot, c'est le microbe satanique qui se présente à nous sous le masque du nom de

Dieu en sauveur, seigneur et maître de tous les
biens et avoirs imaginaires que le satanisme peut
inventer pour se faire adorer; voilà l'alcool qu'il
faut démonétiser, voilà l'alcool qu'il faut dénaturer, voilà l'alcool qu'il faut supprimer, voilà l'alcool qu'il faut réprouver, puisqu'il ne fait que des
affolés.

*Jésus dit quelque part dans une épître de saint
Jean : « Je suis la résurrection et la vie, celui qui
croira en moi vivra, quand même il serait mort. »*
Alors celui qui ne croira pas en lui ne ressusci-
tera pas pour le Jugement dernier? Et il restera
mort? Cela ne serait qu'un bienfait, mais alors il
vaut mieux ne pas croire en lui, puisque la mort
n'est que la récompense des peines de la vie;
mais alors la population du ciel n'existe que par
le fait d'une croyance, elle serait donc absolument
fictive, imaginaire, chimérique et jésuitique,
puisque la résurrection et le ciel ne seraient
fondés que sur une croyance autant que sur une
faveur. Mais, ô Jésus! la faveur des uns n'est que
le dépouillement des autres et par là même Jésus
aurait organisé le favoritisme dans le ciel comme
sur la terre et alors pourquoi est-il venu en ce
monde en justicier et en supplicié pour rendre
malheureux dans le ciel même ceux qu'il aura fait

ressusciter? Pour un tout-puissant, il serait cependant plus facile d'empêcher de mourir plutôt que
de laisser périr sa création, en se laissant mourir
lui-même pour prouver qu'on ne pouvait pas lui
donner la mort, car sa résurrection n'a jamais été
vue, elle n'a jamais existé, il n'y a que ses compères et complices qui l'ont imaginée, mais jamais prouvée, car une résurrection n'est pas faite
pour rester invisible : en ce cas elle serait tout à
fait inutile, elle reste donc dans le domaine de
l'absurdité, domaine qui n'appartient qu'aux imposteurs, car si Jésus avait cru lui-même un mot
de tout ce qu'il a dit, fait dire ou voulu faire croire
il l'aurait écrit parce que les lois et les règles de
la création sont dans sa nature et non pas dans sa
sépulture.

Laissons donc bien loin derrière nous les ca-
bales des sciences occultes qui sont du domaine
des misérables instruits qui ne sont que la honte
de la postérité, comme ils n'ont été que la honte
de la féodalité, comme ils n'ont été que le fléau
de l'humanité; ils ont prostitué nos cœurs, hypo-
crisé nos consciences, fanatisé nos esprits, dénaturé le nom et les vertus de nos consciences dont
six mille ans d'existence ne représentent que le
temps de reconnaître l'origine d'un mensonge,

dont la Bible, les catéchismes et l'histoire sainte
ont abreuvé nos premiers parents, car pas une
syllabe n'est véritable, rien ne supporte l'examen
de la discussion. Pas un ne croit à ce qu'il dit ni
à ce qu'il bénit; ce sont des professeurs de restric-
tion mentale et de dissimulation qui inspirent la
dérision de ce qu'ils défendent; l'hypocrisie et les
pouvoirs spirituels les ont revêtus du sacerdoce
satanique qui nous a faits esclaves au nom de la
liberté et nous a dévalisés au nom de l'égalité et
pédéracifiés au nom de la fraternité sous le masque du nom de Dieu par les effets de satan, parce
que ce n'est qu'à lui qu'arrivent nos prières chaque fois que nous croyons les adresser à Dieu;
car Dieu c'est nous, satan c'est encore nous, son
tabernacle agit dans nos cerveaux et sa puissance
dans nos croyances et dans notre ignorance.

Quoi ! un grand génie tout-puissant et parfait,
n'aurait rien fait de parfait et il lui aurait fallu six
jours pour créer le ciel et la terre, quand il pouvait le faire d'un clin d'œil et il se serait reposé le
septième pour nous apprendre qu'il fallait ainsi
nous reposer après avoir travaillé ! Mais la nuit
n'est elle pas faite pour le repos, et pourquoi
nous a-t-il assujettis à être fatigués et obligés de
travailler? Le septième jour n'est donc pas une

journée de repos mais bien la journée que satan
s'est réservée, pour nous empoisonner et nous apprendre qu'il aurait fait un ancien et nouveau testament en six mille ans pour en opérer le perfectionnement ; c'est avouer son imperfection et il se
serait fait homme et il aurait créé l'homme à son
image pour lui ordonner de boire son sang, de
manger son corps, pour continuer de le représenter et c'est pour continuer de faire cela en mé-
moire de lui qu'il a placé dans nos entrailles ce
moulin stomacal qui est alimenté par l'infirmité
qu'il nous a placée sous le nez, qui transforme ce
moulin à café en moulin à excréments, qu'il veut
continuer de se faire représenter.

Voilà par où ce père bon Dieu a voulu passer
pour que nous puissions le représenter, quand il
a passé en odeur de sainteté.

Maintenant que nous connaissons la composition et la vertu de toutes les énigmes, tous les secrets qui étaient attribués à un être suprême ou à
la nature, nous ne pouvons plus être déroutés par
les philosophies de l'antiquité qui ont nécessité
dans ce travail beaucoup de reprises et beaucoup
de redites, sous de multiples nuances, remontent
à diverses sources originelles qui ne pouvaient
être démontrées qualifiées par les mêmes expres-

sions. Les phrases et les mots techniques m'auraient sans doute épargné beaucoup de reprises et beaucoup de redites, mais au lieu de détruire le surnaturel j'en aurais planté de nouveaux dans l'esprit du lecteur.

Car le caméléon religieux a toujours pris tous les noms, toutes les formes et toutes les couleurs pour pénétrer dans tous les cœurs et si mes redites sont multiples, ce n'est que parce que les religions ne sont que de multiples démons qui ont pris et qui prennent toutes les formes, toutes les couleurs et tous les aspects, qu'il faut détruire dans tout leur aspect avec tous nos respects : c'est cela que j'ai voulu et obtenu.

Une vie de pratique superficielle nous a faits superficiels, la forme remplace le fonds. Le bien-être matériel remplace le bien-être intellectuel, la routine et les plis des habitudes nous ont fait une seconde nature.

Toutes les religions sont superficielles, même celle des écus: c'est celle-là qu'il faut détruire maintenant avec les débris de l'autre parce que l'une n'est que l'auxiliaire de l'autre, mais avant de passer à la réforme de ce nouveau culte, il est utile de réformer les mœurs et les derniers vestiges des divinités de l'ancienne en commençant

par les réformes du calendrier grégorien qui n'est
plus en rapport avec les dates du commencement
et la fin des saisons, ni avec la durée des années,
ni avec la température de chaque saison, compa-
rée à celle d'il y a seulement cinquante ans, qui
nous laisse une variation d'un minute par jour
ou un peu plus de six heures par an, et six heures
que le calendrier grégorien reconnaît, cela fait
douze heures par année ou une année bissextile
tous les deux ans. Voilà d'où nous vient le retard
des saisons de chaque année selon les températures et les dates du calendrier, qu'il faut réformer et mettre en rapport avec les progrès du système métrique qui annule toute l'anarchie de la
variation des dates dans les semaines, dans les
mois et dans les années; ainsi la nomenclature
des mêmes jours, des mêmes fêtes, ne se retrouve presque jamais aux mêmes dates dans le
même mois et en tous cas jamais le même jour
de la même semaine; aussi le premier jour du
mois se trouve être n'importe quel jour de n'importe quelle semaine et la dénomination des
mêmes jours ne se trouve jamais non plus aux
mêmes dates, les mois eux-mêmes en ont subi la
claudication parce qu'ils varient de vingt-huit à
trente-un jours; c'est un système désordonné et

ces confusions multiples et multicolores mettent saisons, fêtes et dimanches à n'importe qu'elle date et à n'importe quel jour de l'année, du mois ou de la semaine, sans savoir pourquoi les mêmes dates ne se trouvent pas toujours le même jour de la même semaine. Mais il faut que les fêtes, les foires, les mois et les semaines commencent toujours à la même date et toujours le même jour dans chaque semaine du même mois; pour régulariser cela il faut que les mois soient tous de trente jours composés de trois semaines de dix jours, car actuellement les semaines sont trop courtes, surtout qu'il y a douze heures de nuit et de repos dans chaque vingt-quatre heures. Les mois seront donc composés de trois semaines de dix jours ainsi nommés : Lundi 1, Mardi 2, Mercredi 3, Jeudi 4, Vendredi 5, Samedi 6, Bendi 7, Maudi 8, Dimanche 9 et Délivrance 10.

Cela fait douze mois de trente jours et trente-six semaines de dix jours ou trois cent soixante jours par année.

Les cinq jours qu'il y a en plus seront intitulés fêtes nationales et dans les années bissextiles il y aura six fêtes nationales au lieu de cinq à chaque fin d'année.

Les fêtes seront ainsi intitulées et ainsi occupées : fêtes d'affaires nationales.

La première, révision des pouvoirs municipaux.

La deuxième, révision des pouvoirs généraux.

La troisième, révision des pouvoirs législatifs.

La quatrième, révision des fonctions publiques, juges, percepteurs, contrôleurs, cantonniers, gardes, instituteurs, ingénieurs, etc.

La cinquième, fête académique, où tous les instituteurs et institutrices seront tenus de faire un cours d'histoire de la civilisation à travers les âges.

La sixième, fête bissextile, cours d'histoire astronomique et géographique.

L'église servira de salle de réunion pour toutes ces révisions, car il faut que nos serviteurs sachent bien qu'ils sont nos serviteurs et non pas nos maîtres, afin que la souveraineté nationale soit un fait accompli et non pas une dérision. Voilà ce qui détruira un peu les traditions, les préjugés, les confusions préhistoriques du paganisme et puisque l'espèce humaine aime les fictions, les illusions, les séductions, les lunes, les pompes, les paradis et les fracas des cérémonies, nous lui continuerons tout cela dans le dixième jour de chaque semaine, intitulé Délivrance où chacun pourra s'endimancher, se réunir à l'église au son des cloches pour entendre un cours d'histoire par l'instituteur, soit pour écouter des communications administratives, soit pour se livrer à des représentations comiques ou théâtrales des cultes déchus par tous ceux qui voudront en être les acteurs, les pénitents ou les bénisseurs, à titre d'ironie, de dérision et de délassement, le tout clôturé par la journée du repos.

Et pour remplacer la journée de la première communion des enfants qui séduit toutes les jeunes filles et les parents par leur tenue de toilette d'apparat, habillées prématurément en mariées, il y aura une fête virginale, toutes les premières Délivrances du mois de Mai qui réunira filles et garçons, en un banquet national, âgés de dix à quinze ans, assistés de leurs parents et aux frais de l'Etat dans chaque Mairie.

Il y aura aussi pareille fête et banquet toutes les premières Délivrances de Juin intitulées fêtes Juvéniles et nationales des jeunes filles et garçons âgés de quinze à vingt ans, assistés de leurs parents, avec bal et soirée, aux frais de l'Etat.

Dans toutes les Mairies, églises, temples ou chapelles communales ou paroissiales où les cantiques et les chansons liturgiques ne seront pas défendues, pareil banquet aura lieu tous les ans aux frais des assistants, avec bal et soirée, toutes les premières Délivrances de Juillet dans chaque commune par tous ceux qui se seront fait inscrire à l'avance mais qui appartiendront à l'arrondissement ou la commune, ce qui fera trois banquets et trois fêtes nationales, dans les trois premières Délivrances des mois de Mai, Juin et Juillet en souvenir des cérémonies religieuses qu'il faut relever et tenir à la hauteur de nos dérisions.

Voilà pour la question des Jupiternants qui nous fait professer le mal sous le masque du nom du bien, car ces marchands de messes, de messies, de miracles, de misères et de bons dieux qui sacrifient nos cœurs, nos consciences et nos esprits pour nous faire avoir des âmes des ânes à sauver pour échapper à la barbarie de l'angelus de leur Saint-Barthélemy ne mérite ni regret, ni grâces, ni pitié; c'est une plaie, c'est une lèpre, c'est un chancre, c'est un cancer noir qui nous sera épargné parce que quand on connaît tous les secrets du ciel et toutes les origines de la terre et de la nature, on a le droit de nier l'existence d'un génie imaginaire providentiel qui supprimerait le droit, la raison, la justice et l'honneur.

LA DICTATURE DU VATICAN
DEVANT SES JUGES.

Le Saint-Siège se prétend infaillible parce qu'il regrette la responsabilité de ses actes sur le nom de Dieu qui n'est jamais responsable de rien.

Maintenant pour croire que c'est un dieu qui a besoin de nos confessions pour connaître nos pensées, nos iniquités et nos imbécillités et qu'il faut que cela soit raconté à un masque d'homme pour que cela puisse nous être pardonné, il faut avoir l'esprit bien borné et bien épais et la conscience bien démolie pour ne pas voir que ce n'est qu'une ruse et un truc satanique de police secrète embusquée sous le masque du nom de Dieu pour exercer les pouvoirs de satan sur les hommes, car un dieu ne peut pas être un ignorant de complaisance, ni un savant de fantaisie sans cesser d'être une divinité conventionnelle, pas plus que nos consciences ne peuvent ignorer nos actes, et nos consciences, c'est lui : ce n'est donc pas un dieu qui veut tout savoir en nous le faisant tout raconter à un masque d'homme qui a les pouvoirs du diable pour nous avilir, nous dominer et nous exploiter en lui révélant les secrets qui peuvent

attaquer leur puissance satanique masqués et
blottis dans le fanatisme des consciences.

La croyance à une puissance imaginaire nom-
mée Dieu étant une école d'erreur et de fourberie,
ne peut produire que de l'erreur et de la fourberie

Non, on ne peut pas croire à une déraison
sans être déraisonnable.

Non, on ne peut pas croire à une absurdité
sans être absurde.

Non, on ne peut pas croire à un idiotisme sans
être idiot.

Non, on ne peut pas être complice d'une perfidie sans être perfide.

Non, on ne peut pas pratiquer une infamie
sans être infâme.

Non, on ne peut pas pratiquer une folie sans
être fou.

Car tous les bons dieux sont d'essence satanique, fictifs, éphémères, insensés, imaginaires, lu-
tins, calotins, diablotins, bêtes et malins comme
des coquins; ce sont des masques qui nous ont
fait masquer et remplacer notre mutualité par de
la personnalité; c'est une clique de coquins, bibli-
ques, comiques, risibles et sinistres comme des
imposteurs en oripeaux tragiques.

Ce sont des professeurs d'ignorance préhisto-

rique qui mettent le nom de dieu à la place de
leur croyance et de leur monstrueuse ignorance
scientifique, qui abritent tous les filous, les fous,
les malins, les imbéciles, les fripons, les larrons
qui affranchissent tous les bandits et tous les gou-
jons de la pénitence des peines de la vie avec du
latin dans leur esprit. Et puisque tous ces marchands de bons dieux ne nous livrent que des
pratiques du diable, pourquoi ne pas voir que ces
saints ne sont que des scélérats masqués du nom
de Dieu pour couvrir les effets de Satan ?

Le nom de Dieu n'est donc qu'une monstrueuse influence satanique et hyperbolique qui
effarouche l'enfance, la conscience et l'ignorance,
qui opprime et déprime les esprits pour les préci-
piter dans les guets-apens du savoir, de la folie,
qui ensevelit l'inhumanité dans cet assassinat
mental et moral exécuté pour le nom de dieu,
pour infernaliser notre démence et notre délivrance.

Mais comme il a été péremptoirement prouvé
que tous les dieux sont faux comme des sauveurs,
perfides comme des voleurs, licenciés en droit ca-
nonique pour être bacheliers de la démence et de
la folie angélique, cela en même temps nous
prouve que l'école sans dieu, c'est l'école sans

erreur, sans imposteur et sans masque, car ce
n'est pas le catéchisme qui nous révèle les lois et
les règles de la nature, c'est la conscience guidée
par la raison; non, ce n'est pas le catéchisme qui
nous anoblit, c'est au contraire le catéchisme qui
nous avilit parce que pour nous libérer des
erreurs de la vie il faut d'abord nous libérer des
erreurs de la mort, si nous voulons nous libérer
de la mentalité de notre asile d'aliénés et du catéchisme de la folie, parce que le crime et la folie
ne sont connus que depuis que le nom de Dieu est
connu, puisque toutes les espèces qui sont restées
sans catéchisme et sans le nom de Dieu, sont restées sans injustice, sans parasite, sans folie et
sans crimes. Le mensonge dans le système religieux a fait déraisonner tous les dieux et toutes
les croyances en Dieu : La première communion.
la première confession ne sont donc que la première injection du sérum et du poison satanique
et anthropophagique de la barbarie civilisée et de
l'inconséquence endimanchée, c'est le premier et
le dernier acte qui ensevelit la raison, le sentiment et l'honneur. Ça n'est donc pas les lois de
la superstition qui nous ont révélé les lois de la
Justice, c'est la raison puisque les lois des divinités ne nous ont révélé que les lois de la folie et les

règles de l'égoïsme, de la vanité qui ont conta-
miné nos crédulités et nos facultés intellectuelles,
spirituelles, mentales et morales jusqu'à l'inconséquence de la fatuité, jusqu'à l'exploitation des
vivants par les morts pour satisfaire la grandeur
de notre couardise et de notre fatuité pour cou-
ronner notre ignorance.

Les périodes du premier et du moyen-âge qui
ont ensanglanté tous les siècles avec dévotion
sont passées. Les siècles des seigneurs, des saints
et des sauveurs qui ont abruti et barbarisé notre
innocence dans le chancre du dimanche et dans
l'ivresse des passions de la morphine sociale sont
passés.

Les siècles des crucifiés, des tortures, des
martyrisés qui ont endimanché nos fatuités, nos
erreurs et criminalisé nos passions et nos esprits
sont passés parce que toutes ces choses ont voulu
être des divinités.

L'ivresse des subtilités de cette nicotine élec-
trise la vanité, la futilité, la frivolité et la cupidité;
dans les sermons de la folie à mains jointes se
trouvent des alcoolisés.

Tous les petits et grands satellites des petites et
des grandes divinités imaginaires sont maudits et

la société est sauvée parce que l'expropriation des
fables du ciel est un fait accompli.

Maintenant il faut stabiliser le bien-être présent pour avoir droit à celui de l'avenir, il faut
combattre et détruire les erreurs et les difficultés
du présent par le chancre du passé, ce nouveau
chancre, ce nouveau serpent religieux qui trompe
et séduit. Tout le monde se trouve enroulé dans
la religion des écus, religion qui a aussi ses
seigneurs, ses monseigneurs, ses sauveurs et ses
rédempteurs qui trouvent dans chacun de nous
un disciple, un apôtre et un serviteur qui veut
s'affranchir du souci et des peines de la vie sur
autrui. Ce culte nouveau, c'est l'argent; il est ma-
térialiste, égoïste, perfide, menteur, imposteur et
voleur, l'envie d'avoir son talisman nous le fait
maudire et respecter en même temps, si bien que
nous voudrions le détruire pour avoir sa place et
vertu. C'est la prière de notre travail qui les a faits
sinistres; il ne ne représente que le cumul de nos
peines; ils s'en attribuent les mérites parce que ce
sont eux qui nous l'ont ramassé après que nous
l'avons sué. Car sans notre travail leurs écus ne
seraient que de la ferraille et cette ferraille on la
répand comme un serpent pour empoigner la nôtre chaque fois que nous avons besoin de la leur;

nous sommes volés, mais nous voudrions être les
voleurs pour avoir comme eux bien être, gloire et
vertu sans peine et sans vertu. Mais qui donc
enlève le fruit du travail au travailleur, puisqu'il
est toujours pauvre en travaillant et les autres
toujours riches en ne travaillant jamais, si ce
n'est le capital qui opère ce vol en se faisant la
part du lion dans toutes ses opérations sous
forme d'intérêt, ou fait sa capitalisation à titre
d'entretien, de risque, part de pertes ou de service
rémunéré. Mais l'argent n'a le droit à aucune ré-
munération, à aucun salaire, à aucun bénéfice, à
aucun intérêt, à aucun profit puisqu'il ne mange
pas, ne s'use pas et ne travaille pas, puisqu'il n'a
ni bras, ni jambes, ni estomac, ni vêtement, ni
outil, ni fusil, ni pot, ni marmite, ni logement,
nous ne lui devons aucun paiement, nous devons
l'employer à titre de serviteur, à titre d'outil,
mais non pas en faire un maître voleur.

Le travailleur risque tous les jours sa vie, le
capital ne risque jamais la sienne; c'est un con-
trôleur qui a besoin d'être contrôlé et qui prend,
se sert, sans jamais rien donner; il entre partout
et n'en ressort que chargé, partout on lui fait
l'aumône en le priant de revenir en chercher,

5

chose qu'il ne faudrait cependant pas continuer, si nous ne voulons pas rester ruinés.

Toutes les fortunes sont faites par le revenu des revenus des écus ; ce sont des cumuls des produits du travail retiré de la fortune sociale annulée, inutilisée en secret pour en faire des nécessités publiques, mais elles ne sont lâches que sous condition qu'elles reviennent chargées de revenus, de rentes et d'intérêts ; elles enlèvent la fortune de toutes les fortunes, *elles font les misères au milieu de l'abondance*, elles ne sont la fortune des uns que parce qu'elles sont la misère des autres et si elles n'étaient pas lâchées avec intérêts elles n'auraient pas de cumulateurs et la fortune serait partout où il y a des travailleurs, c'est-à-dire que le vol autorisé ne serait plus une vertu sociale et tant qu'il sera permis à chacun de se faire une fortune individuelle pour assurer son avenir, la misère sera toujours partout et comme nul n'est assez riche de ce qu'il a pour garantir son avenir, tout le monde se trouve pauvre de ce qu'il est nécessaire d'avoir, de ce qu'il devrait avoir et de ce qu'il n'a pas.

Accorder une prime à la fortune, c'est donner le droit à tout le monde de faire de la misère, c'est donner le droit à tout le monde de s'occuper à se

l'arracher pour avoir le droit de la louer sans travailler, pour avoir le droit de vivre sans avoir le
mérite de l'avoir sué, pour avoir le droit et le
pouvoir de vivre sans travailler; c'est donc la richesse de tout le monde qui fait le malheur et la
misère de tout le monde puisque cette richesse et
cette fortune est toujours dispersée à mesure
qu'elle est amassée, puisque jamais personne n'en
a assez puisqu'il faut toujours recommencer
d'acheter ce qui nous a été volé et ce que nos
pères nous ont laissé.

La fortune individuelle n'est donc qu'un vol
social qui établit la misère et la ruine partout où
le cumul du travail est entassé; c'est la fortune
qui raréfie le bien-être de tous ceux qui l'ont
amassée, c'est la fortune qui enlève la fortune à
tous ceux qui l'ont gagnée; c'est donc sa malhon-
nêteté qu'il faut supprimer si nous ne voulons
pas continuer à être volés, si nous ne voulons pas
continuer à la voir dispersée sans pouvoir jamais
la rattraper pour la stabiliser, et puisque ce sont
les fortunes individuelles qui enlèvent la fortune
individuelle qui font la misère sociale, il faut que
la fortune soit nationale pour qu'elle soit en
même temps individuelle et puisque c'est le revenu du capital qui détruit le revenu du travail,

il faut déclarer la propriété individuelle propriété
nationale et en laisser le revenu aux travailleurs
ou à ceux qui font valoir la propriété en personne,
sans qu'ils puissent ni la vendre, ni la louer, ni
la prêter pour en retirer un profit quelconque,
sans le secours d'un travail manuel matériel et
personnel jusqu'à l'âge de 5o ans : car il n'y a que
le travail qui soit un capital et une fortune individuelle et sociale, il n'y a que celle-là qu'on ne
puisse pas disperser aux quatre vents des passions et des nécessités de la vie ; il n'y a que celle-
là qui ne soit pas du bien volé à la nature et à la
nation, il n'y a que celle-là qui ne soit pas du bien
maudit.

La propriété sera donc nationale et non pas
individuelle, convertissant les revenus de la dette
publique en rentes viagères pour tous les plus
âgés de 5o à 6o ans ; ce qui fait environ deux milliards par an, fournissant environ 1.200 francs
par an à tous les invalides du travail et de la
santé.

Le capital de la dette publique serait rem-
boursé annuellement par amortissement, mais
sans intérêt.

La propriété bâtie sera également nationale et
le revenu des bâtiments de ville en location ou

occupés par le commerce ou les industries sera également distribué en retraites viagères après l'âge de 60 ans ; il en sera conservé la moitié pour l'entretien et la construction ou la reconstruction de ces immeubles qui seront assurés par l'Etat, par voie de centimes additionnels sur le revenu de la propriété bâtie proportionné à la cote mobilière et à sa valeur locative formant les fonds d'une caisse de réserve d'épargne sociale.

L'Etat seul reste propriétaire et capitaliste, libre de prêter avec intérêt à l'étranger, mais non dans son royaume, ni dans son empire, ni dans ses états. Car personne ne peut avoir le droit ni le pouvoir de prélever un impôt sur les dettes de ses sujets ou de ses amis, ce droit et ce pouvoir restent seuls à l'Etat qui nous les retourne en assurances, en retraites, en secours et en frais d'ordre administratif.

Le revenu particulier des capitaux ou des propriétés loué n'est qu'un impôt arbitraire qui fait double emploi avec celui de l'Etat que le particulier n'a pas le droit de s'attribuer parce que l'homme n'a pas le droit d'être le parasite ni la vermine de son semblable. Non l'homme n'a pas le droit de vivre aux dépens d'un autre homme, malgré que jusqu'à ce jour l'intérêt de son argent

lui en ait donné le droit et le pouvoir, droit et
pouvoir qui dérivent du droit ancien jésuite et
féodal, de pouvoir encore continuer d'avoir et de
se faire encore chacun ses esclaves ; c'est un dérivé traditionnel de servitude, de domination et
d'esclavage, c'est un dérivé des droits du seigneur
qui a délégué ses pouvoirs, ses droits, ses mœurs
et ses traditions à tous les seigneurs de la fortune
qui ont pu par ce moyen continuer à nous exploiter, à nous dominer et à nous vendre puisque
nous sommes les héritiers de la succession de
leurs *contributions, dégénérées en noblesse des écus*,
contributions et noblesse qui nous retiennent encore dans leur esclavage dont nous ne sommes
pas encore affranchis ; la propriété n'est donc pas
encore à nous puisqu'elle n'a fait que changer de
noms et de seigneur ; nous sommes donc encore
esclaves des seigneurs, de la fortune des seigneurs,
mais il faut nous affranchir à nouveau de leur
esclavage en nous affranchissant des revenus de
la dette publique et des capitaux particuliers.

Les droits des seigneurs, nous ne devons pas
nous les approprier ni les transplanter, nous devons les supprimer en supprimant les privilèges,
car actuellement ce sont encore les monseigneurs
des écus qui prélèvent des contributions sur l'État

de plusieurs milliards par an, ce qui a transformé la fortune publique en dette nationale qui n'est plus que la ruine publique.

Ne cherchons donc pas la fortune individuelle ailleurs que dans la fortune nationale si nous voulons avoir sécurité, prospérité, récompense, paix et repos, l'avenir assuré ; c'est la fortune assurée à tous ceux qui ne l'ont jamais pu attraper. C'est nous libérer du mobile du vol et des propriétés volées, chose qui livrera à chacun le pouvoir de fertiliser sans craindre les charges de famille ni les misères de pauvreté puisque le travail ne sera pas rençonné, ni contributionné, ni avili.

C'est un droit du seigneur que nous voudrions avoir imité et pratiqué, mais qui n'est pas moral ; c'est un droit du seigneur qui nous fait seigneur volé et voleur.

Nos premiers parents ont trouvé la propriété avec la vie et aujourd'hui nous avons la vie sans la propriété, c'est assez dire qu'on nous a enlevé la propriété en nous laissant la vie par ceux qui nous ont volé la propriété et fait marchandise de la vie, vol opéré par les premiers larrons de la terre qui en sont devenus les seigneurs, les exploiteurs, les maîtres ; les plus forts ont continué d'en être les accapareurs pour prendre un profit sur les

plus faibles, trafic aux dépens des moins puissants, des faibles et des arrivants.

On a vendu la propriété à ceux qui apportaient
la vie sous peine d'être vendus ec la propriété
par ceux qui s'en étaient emparés sans l'avoir jamais achetée, ni louée, ni volée, mais simplement individualisée, accaparée et transmise avec
gros profit à ceux qui en donnaient un plus grand
prix et les acquéreurs sont devenus des seigneurs
détenteurs de la propriété et du droit à la vie par
la position de la propriété que leurs premiers parents n'avaient jamais achetée, ni louée, ni payée,
mais simplement ramassée comme étant la part
du lion des premiers arrivés.

Ils ont tous ramassé, amoncelé, et au lieu de
léguer, de transmettre aux derniers arrivés tout ce
qu'ils avaient ramassé ou trouvé, ils ont retenu
pour esclaves tous ceux qui n'ont pas pu les ré-
compenser et au lieu d'être nos propriétaires ils
ont été vendus avec la propriété. Voilà comment
la propriété a été volée à tous nos aînés et à tous
nos premiers parents qui ont été obligés d'acheter
des seigneurs les propriétés qui leur avaient été
volées ; il a fallu les supprimer pour en avoir chacun une poignée, voilà comment la fortune nous
fut volée et bien que les seigneurs aient été dé-

truits, la propriété ne nous a pas été restituée, puisque nous sommes tous les jours obligés de la reconstituer, de la rattraper et de la réacheter pour être à nouveau dispersée, sans pouvoir plus jamais la rattraper, car on n'arrête jamais le vol d'une propriété volée, elle vole toujours pour se reconstituer sans qu'on puisse jamais le faire arrêter, car le fruit du vol reste voleur et il ne s'arrête jamais que pour se reconstituer avec du nouveau bien volé. La fortune ainsi amassée est toujours attaquée et dispersée à mesure qu'elle est constituée, c'est du vol sur vol qui ne s'arrête jamais sans être dispersé par les voleurs et les volés, qui n'arrête son vol que par d'autres biens volés.

Voilà pourquoi la propriété n'est que le vol, le fruit du vol et le monopole du vol. Voilà pourquoi la propriété volée reste voleuse puisqu'elle ne peut continuer d'exister qu'en continuant de voler *avec la légalité de la loi convertie en légalité de conscience.*

Voilà pourquoi tout le monde se croit *honnête dans la jouissance d'une fortune qu'on ne soupçonne pas être malhonnête mais dont on est complice par inconséquence, par ignorance et par inconscience; c'est cette complicité qui nous empêche de jamais la posséder, de jamais pouvoir la stabiliser, de jamais*

*pouvoir la garder ; elle n'est jamais à nous malgré
qu'elle nous appartienne*, et si elle ne livre ni paix,
ni repos à aucun de ses détenteurs, c'est parce
qu'elle ne peut pas rester en place, c'est parce
qu'elle cherche à être rendue à son seul, unique,
légitime et véritable propriétaire national. Car
tant que la propriété ne sera pas rendue à son
propriétaire et que la fortune ne sera pas nationale
au lieu d'être individuelle, la fortune restera
voyageuse, elle restera le bien maudit des peuples, des nations et des individus et au lieu de
nous laisser le bien-être, le repos et la paix, nous
chercherons toujours ce bien-être, ce repos et
cette paix dans les satisfactions matérielles de la
fortune qui enlève le bien-être, le repos et la paix
partout où elle existe, car où il y a des voleurs en
honneur, *il n'y a pas de cœur, et quand il n'y a pas
de cœur, l'argent n'est qu'un malheur*, et pour que
la fortune soit un bien-être national il faut qu'elle
soit sociale, il ne faut pas que l'État puisse nous la
vendre ni nous l'enlever, il ne faut pas que nous
puissions nous l'arracher, ni la surlouer, ni la
prêter avec intérêt ni revenu ; elle appartient à
son légitime propriétaire qui est à tous ou à la
nation d'abord et à celui qui la fait valoir ensuite :
le produit seul en est commerciable, car la for-

tune individuelle ne se trouve que dans la fortune
sociale et la fortune nationale n'est faite que par
la fortune qui fait à tous ses sujets la fortune de
l'Etat; de l'Etat, nous sommes les créanciers
avant d'en être les débiteurs et les producteurs.

C'est la famille qui en est le trésor et en met-
tant les fortunes *à leur place elles ne bougeront plus
de place*, car quand l'état *moral et mental n'est pas
à sa place, rien n'est à sa place.*

La fortune nationale, c'est donc la fortune sociale où il ne peut y avoir ni fainéant, ni menteur,
ni voleur, ni mendiant, ni opulent; chacun
pourrait faire des économies sur son travail mais
pas avec celui d'autrui. Les entreprises se feraient
par associations, sur égale part de revenus. Les
fortunes faites antérieurement resteraient des nullités et des non valeurs jusqu'à complet épuisement de leur capital dévoré par son propriétaire
qui sera devenu et resté parasite social par sa non
production d'intérêt, car les prêts intéressés seront
confisqués au profit de la fortune publique.

L'Etat seul sera le bailleur de fonds pour tous
les travaux et les entreprises reconnus néces-
saires, moins celles qui se feront par voies d'associations coopératives afin qu'aucun ne puisse
prendre un profit sur son semblable, profit qui se-

rait absolument inutile, puisque l'avenir et la fortune de chacun seraient assurés par la fortune de tous, annulant toutes les misères, toutes les nécessités, toutes les mendicités, toutes les infortunes et tous les mobiles du vol dans la fortune faite et l'avenir assuré dans celle de l'État, qui ne serait distribuée qu'après avoir travaillé jusqu'à infirmités ou jusqu'à l'âge de 6o ans.

La nuit sera la loi du repos hebdomadaire de tous les travailleurs sans compter celle des repas, travail qui ne serait plus qu'une récréation, puisqu'il ne serait plus un travail forcé et tout en travaillant moins longtemps et moins fortement la production serait surabondante et le commerce doublé par le produit de toutes les nullités et de toutes les fortunes épuisées et par toutes les chastetés du célibat religieux et les célibats qui n'ont pas osé faire souche et charge de famille, par crainte de misère puisque les enfants ne pourraient plus être les héritiers que de cela.

Les mariages seront civils mais sans contrats; ils n'auront que la durée de l'estime ou de l'amitié, qui n'est durable qu'entre gens qui s'estiment et qui se respectent et lorsqu'on se croit trompé on ne doit pas pouvoir rester enchaîné mais sans pouvoir rien emporter; le contrat est aussi un dé-

rivé de servitude et d'esclavage qui n'a été fait
que pour tenir attaché celui qui s'est laissé attraper; cela ne sert qu'à produire de mauvais ménages: l'amitié s'en va chaque fois qu'elle est
forcée, elle s'en va chaque fois qu'elle ne craint
plus d'être délaissée, c'est cela qui est le fouet de
la bonne maternité et de la bonne paternité, c'est
cela qui retient les époux dans leur devoir et le
dévouement réciproque, car par le contrat de mariage il n'est que trop souvent une affaire, une
convention, un marché, un calcul, une passion,
une illusion, une captation ou une domination et
souvent un esclavage, toutes choses qui seront
évitées en ne faisant pas de contrat de mariage
(qui n'est qu'un contrat d'esclavage, de défiance
ou de mauvaise foi ou d'acquisitions dérivées des
droits du seigneur) mais simplement promesse de
fidélité et promesse de responsabilité des conséquences de la paternité; l'amitié ne se promet
pas, l'amitié se donne et ne se vend pas et cela ne
se contracte pas et c'est cela qui maintient les
époux chacun dans leur devoir envers eux-mêmes
et envers la société, car il est de toute nécessité de
repeupler le pays en facilitant les mariages civils
et en décrétant que les mariages naturels auront
la même valeur devant la loi que les autres.

Car il est de toute nécessité de reconstituer le
pays en mœurs, en population, en tradition, en
religion, en fortune, en préjugés, en maximes, en
principe, en droits, en devoir, en honneur et en
vertu, actuellement nous sommes encore ensevelis dans l'esclavage des mœurs des seigneurs et
dans le pouvoir rémunérateur des écus et si les
pouvoirs publics veulent bien comprendre la
haute portée de la suppression de ces deux religions, suivie de la réforme du calendrier grégorien qui nous délivrerait de l'anarchie et de l'esclavage moral qui nous a pervertis, alors oui,
nous pourrons croire que nos députés ont bien
mérité l'argent qu'ils se sont attribué sans droit,
sans nécessité et sans moralité, car la clôture du
budget reste tous les ans en gros déficit et s'ils
avaient le souci de leur honneur et de l'honneur
national, ils auraient le souci de ceux qui souf-
frent pour en former les finances et, au lieu
d'augmenter les gros traitements, il aurait été
plus convenable de les abaisser, car il n'y a pas
beaucoup de familles ouvrières qui ont plus de
1.500 francs, avec femme et enfants et logement
en ville, sans buvette et sans avoir aucun voyage
gratuit ni droit à aucune retraite (pardon, ils ont
les contributions à payer et le budget à équilibrer)

et ceux qui vivent avec moins de mille francs sont
encore des ouvriers aisés, qui vivent honorable-
ment avec femme et enfants.

Le nombre des miséreux est infini; les cantonniers, les gardes des forêts n'ont pas cela et ce
sont cependant des employés de l'État, galonnés
et assermentés.

C'étaient donc les gros traitements qu'il fallait diminuer et moraliser pour augmenter les petits, car les gros traitements n'ajoutent rien aux
grands talents qui ne sont jamais extravagants; il
n'y a que les petits qui veulent se faire et se croire
grands quand ils ont beaucoup d'argent, pour
faire les opulents et se croire importants. C'est
pour cela qu'il faut diminuer le *superflu des gros
traitements pour que nous puissions mieux apprécier
leur talent et surtout leur dévouement.*

Beaucoup de sénateurs et députés sont riches
et très riches, il y en a aussi quelques-uns qui
sont dans la nécessité, ceux-là seulement ont
besoin d'être payés de tout ce qui manque à leur
revenu personnel pour arriver à leur indemnité;
dans ce cas leur indemnité serait proportionnée à
leur fortune, car en principe la représentation nationale doit être gratuite comme celle des conseil-
lers municipaux, mais ce n'est pas parce que cela

empêcherait la représentation des pauvres qu'il faudrait rétribuer et indemniser les riches aux frais et aux dépens des pauvres.

• La représentation nationale est un honneur et non pas une fortune; nous devons rétribuer les nécessiteux mais pas les gorger ni les indigestionner, surtout quand ils nous rendent vide la bourse que nous leur avons confiée pleine.

C'est un bien mauvais tour qu'ils se sont joué là, mais qu'ils peuvent encore réparer en diminuant les gros traitements de tout le revenu personnel de chacun, en diminution sur ses honoraires, car si nous avons des hommes de cœur et de talent, nous devons les avoir honorairement, sans être obligés de doubler leurs revenus, leur fortune et leur traitement, chose qui nous obligerait à croire que nous avons affaire à des malhonnêtes gens ou du moins à des gens qui ont le cœur en argent et le dévouement intéressé.

Voilà un abrégé de mon étude sociale, philosophique, astronomique et scientifique.

Car je ne suis ni écrivain, ni académicien, ni savant, ni poète, ni historien et encore moins diplomate.

Quant aux mots et qualificatifs techniques de l'érudition vulgaire et scientifique, je les laisse

pour les savants parce que mes moyens d'existence ne m'ont pas permis de me faire incompré-
hensible; je ne m'occupe donc pas de polémique
philosopholiphique ou théocratique des hommes
instruits, je déchire le rideau de l'ignorance et de
la démence avec compétence sans préambule ni
scrupules, j'éclaire la conscience avec expérience,
sans réticence ni omnipotence, avec les principes
du cœur, de la raison et de la conscience.

Je guide la raison dans la voie de la vérité philosophique absolue, sans acte de contrition, sans
fanatisme, sans superstition et sans prétention,
car c'est l'école du malheur qui est la cause de
tout cela, parce que c'est l'école du malheur qui
anoblit et éclaire notre ignorance et notre inexpé-
rience.

C'est l'école du malheur qui purifie nos esprits
et nos cœurs de toutes nos erreurs.

C'est l'école du malheur qui nous a fait trouver et détruire le nid des malins esprits.

C'est l'école du malheur qui nous ouvre la
science du cœur, de l'honneur et du bonheur.

C'est l'école du malheur qui m'a livré la clef
du ciel et les secrets de la vie éternelle.

C'est l'école du malheur qui m'a fait philoso-
phe, astronome, libre-penseur et homme de cœur.

C'est l'école du malheur qui m'a appris à rompre la chaîne de notre ignorance, qui est la seule cause de toutes les erreurs et de tous les malheurs de la vie.

C'est l'école du malheur qui met des larmes de bonheur dans celles des pleurs, et quand on a tant souffert pour l'honneur et le bonheur de l'humanité, on est heureux d'avoir tant pleuré.

Voilà mes amis ce que je suis :

Trois fois assassiné et une fois rôti.

J'ai lu dans l'éternité la page de la simplicité, j'ai lu dans les cœurs la page du bonheur, car c'est la science du cœur qui est la voie et la vue de l'éternité, le guide, le génie, la voie et la vue dans l'inconnu.

C'est l'école du malheur qui m'a désagrégé du baptême de l'affiliation à la franc-maçonnerie cléricale de nos pères qui a conduit et retenu *tous les siècles dans le fanatisme des malheurs de l'obscurantisme.*

Ma naïve bonne foi a eu raison de toutes les conjurations de la loi ; ma conscience n'a jamais été complice de rien et ce qui devait me noircir n'a servi qu'à me blanchir, toute ma science se trouve dans mon innocence qui a foudroyé bien des puissances et sauvé bien des consciences.

Nous y reviendrons une autre fois. Je reprends la question laissée entre parenthèses.

Les multiples nuances des questions originelles et religieuses qui se rattachent à la religion des chimères, des fortunes et des capitaux m'ont forcé à de multiples redites basées sur les mêmes sujets, mais sur diverses nuances d'appréciations vulgaires ou ergotiques qu'on peut enfiler dans chaque phrase pour en dénaturer la valeur au point du vue scientifique ou conventionnel, mais irréductible au point de vue moral.

Il ne faut donc pas oublier que chaque nouvelle nuance forme autant de nouvelles croyances qui ne se dissipent que par des principes et non pas avec des maximes, parce que c'est nous qui avons pris lieu et place du culte de notre divinité représentée par la religion unique et universelle de la conscience qui nous fait syllabuseurs au lieu d'être syllabusés; ce sont eux qui sont les hérétiques, les schismatiques et les excommuniés, c'est nous qui les retranchons de notre société.

L'âme, c'est la vie du néant. Le néant, c'est la vie de la mort.

Tous ces prédicateurs, ces sauveurs, ces bénisseurs, ces marchands de chapelets, de prières, de croix, de signes de croix et d'oremus, tous ces

prédicateurs, ces rédempteurs, ces exorciseurs,
ces lucifers, ces princes des ténèbres, ces seigneurs et cette clique qui dirige les flammes de
l'enfer terrestre, tous les cardinaux en oripeaux,
tous les satanisés à mesure qu'ils nous ont prédi-
catorés, ont toujours oublié d'anathémiser, de
syllabuser et d'excommunier nos écus.

Maintenant, sachons que toutes les espèces
animales pondent, aiment et nourrissent leurs
petits; il n'y a que l'espèce homme qui les dé-
truise au nom de Dieu et pour servir Dieu. Il n'y
a que les sectes religieuses qui fassent veu de
chasteté pour avoir le droit de les détruire avant
comme après leur avoir donné la vie. C'est un
veu d'assassinat légal qui découvre le sens de
l'infaillibilité du pape dans toute son horrible infamie, qui dénote et révèle les secrets des hon-
teux et terribles sous-entendus dont la forme
cache le fond : ce sont des dieux et non pas des
hommes sérieux. Quoi! il faut être des assassins,
il faut être lâche et infâme pour appartenir à Dieu,
pour représenter ce Dieu criminel, cruel, bandit
et barbare, noyé dans le sang des innocents ! Ne
soyons donc pas étonnés si notre société n'est
plus qu'une anarchie d'infamie, qui nous vient
de la dictature de leur loi, qui ont infamisé nos

mœurs par la dictature du Vatican, car si la famille est encore une charge sociale, sachons
qu'elle est aussi le trésor, l'honneur, le bonheur
et le profit; c'est la fertilité des peuples qui fait la
grandeur et la force des nations, qui seule nous
représente dans le concert de l'éternité.   .

PÉRORAISON

Un homme dans une robe dénote toujours une profession d'incapacité de travail, de vagabond, de charlatan, de mendiant, de bandit, de propre à rien, de bon à tout ; ce sont des silhouettes contre nature d'aspect sinistre qui dénote la profession des gibiers de potence auxquels nous ne devons pas l'honneur d'un enterrement civil qui leur enlèverait la qualité d'oiseaux de proie, dont nous avons été la proie.

Nous, réprouvés, c'est la prière du travail qui nous a et vous a nourris.

Curés, employez la même et vous serez exaucés aussi.

La vérité, la justice et la raison ne sombrent jamais et c'est quand elles paraissent à tout jamais anéanties qu'elles font leur apparition, leur leur résurrection inconsciente, mais inexorable.

L'heure a sonné, l'exécution est proche, misérables, comptez-vous, misérables, repentez-vous, messeigneurs, agenouillez-vous, la bonne foi et la folie ne sont jamais de parti-pris.

La démence fait leur innocence, quand elle se rend à l'évidence.

C'est à cela que nous verrons si vous êtes des bandits de parti-pris à tout jamais maudits.

C'est à cela que nous verrons si nous vous devons notre bénédiction.

C'est à cela que nous verrons si nous vous devons le pardon.

———

CONCLUSIONS

C'EST NOTRE IGNORANCE QUI A IMAGINÉ DIEU.

Et maintenant il ne reste plus que l'ironie et la dérision de la philosophie des fables de l'histoire sainte, de l'écriture sainte, des trinités saintes, des incarnations saintes, des consacrés, des consacréfiés par les saintes écritures et par la sainte inquisition des papes de Rome et d'Avignon, qui empoisonneront rois et empereurs dans les sacrements de l'Eucharistie, pour sanctifier et sacrifier les inventeurs et les libres-penseurs et les innocents égorgés sur leurs autels, pour les offrir en holocauste aux dieux chrétiens barbares; cruels et sanguins en l'honneur de sa gloire et de sa miséricorde toute divine devant les tortures et les bûchers du moyen-âge devenus l'éteignoir et l'ennemi de tous les progrès et de tous les droits de l'homme par le glaive de la barbarie armé à mains jointes et bénies.

Mais aujourd'hui ces millions de martyrs ont laissé la postérité pour les venger et les enfants de leurs petits-enfants ont rajeuni leur âge, leur science et leur conscience pour nous les livrer.

Leur agonie nous serre le cœur; ils nous ont laissé le devoir de les venger pour avoir le droit de transmettre leur succession à la postérité.

RÉSUMÉ

L'expropriation des fables du ciel étant un fait
accompli, sachons que la seule tache originelle
dont nous soyons chargés de nous purifier sur la
terre n'est que la tache de notre ignorance, la
seule qui ne pouvait se purifier que dans le creuset des malheurs de la vie nous délivrant des
erreurs de la mort.

C'est notre ignorance qui nous a fait croire au
surnaturel, et c'est la croyance au surnaturel qui
nous a fait croire en Dieu. Le surnaturel n'exis-
tant pas, Dieu ne peut pas exister non plus, car
les superstitions font déraisonner la raison, le
droit, le devoir, la justice et l'honneur, c'est le
fléau de la folie de nos grandeurs, c'est la plaie
des grands esprits et le chancre de notre agonie,
c'est le cancer qui a ensanglanté tous ceux qui
n'ont pas voulu déraisonner avec lui; c'est une
maladie légale, mentale et immorale qui nous a
faits machine infernale.

L'évangile des religions n'est donc que l'évangile des déraisons qui nous livre des pratiques
surannées, désordonnées, cabalistiques et insen-
sées, qui n'ont rien de céleste, ni de terrestre : le
nom de Dieu n'étant que le nid du diable, c'est le
diable qui a imaginé Dieu pour bien vivre et rester caché et adoré sous son nom. C'est nous qui
sommes Dieu et les œuvres de Dieu puisque nous
sommes la nature et les œuvres de la nature.

La révélation des secrets de la science de Dieu,
c'est la révélation des secrets de l'ignorance des
hommes. La connaissance des secrets de la vie
éternelle, c'est la connaissance des secrets du surnaturel faussement attribué à une puissance imaginaire nommé Dieu. C'est la restitution de la
science de notre conscience qui remplace la
science de notre ignorance.

Connaître les secrets de la science de notre
ignorance, c'est connaître les secrets de la science
du nom de Dieu, qui est la connaissance de nous-
mêmes.

L'avenir est toujours conforme aux conséquences du présent et du passé; il est toujours
conforme à l'état de nos consciences.

Le salut temporel comme spirituel dépend de
l'état de nos facultés intellectuelles qui nous li-

vrent l'estime ou le mépris de nous-mêmes, c'est la science de la conscience qui est le soleil de notre matérialité comme de notre immortalité, qui régit tous les domaines de la vie éternelle, comme de la vie matérielle, car nous ne pouvons pas cesser de faire partie de l'infini; mais quand on n'a rien à se reprocher, on ne craint pas l'éternité; quand on n'a rien à se reprocher on n'a rien à se faire pardonner, et quand on n'a rien à se faire pardonner, on ne craint pas l'éternité. Non, on ne craint pas l'éternité. La tare cérébrale ne nous autorise donc pas à rester la risée de la postérité, car nul n'a le droit de rester ignorant, indigent, atrophié, dégradé, sans cœur et pauvre d'esprit, quand il connaît ses droits, son devoir, son origine et la composition de toutes les origines qui est la science des sciences, de la nature et de l'univers.

Ce n'est donc pas au son des cloches qu'on fait son salut, mais ce n'est qu'au son des cloches qu'on appartient à Belzébuth; — la science et la conscience ne se carillonnent pas, il n'y a que l'erreur et la folie qui aient besoin de ce bruit. — La durée des divinités est donc éphémère, elles ne sont ni vents ni poussières; elles n'ont que la durée de nos imbécillités, qui nous ont revêtus des chimères de leurs vertus.

La valeur de ces révélations consciontifiques par le martyre des innocents étant d'un prix infini, nous espérons que l'indemnité demandée ne sera pas regrettée; car le creuset de la science de l'expérience, de l'école du malheur nous a laissés le creuset de la science de l'école du cœur qui détruit les malheurs de toutes nos erreurs, qualité qui n'a pas besoin d'être quantité pour être d'un prix infini : car ce n'est pas la science qui fait l'expérience; ce n'est pas l'ampleur qui fait la valeur; ce n'est pas l'esprit qui fait le génie : c'est l'analyse du ciel et de la terre qui est d'un prix infini, par celui qui a conquis le ciel et la terre sans arme et sans munitions, mais qui a besoin de gros secours pour mettre en pratique de grosses révélations, opérant le réveil de notre somnambulisme; ces fonds apporteront aussi à l'auteur de ce travail le pouvoir de publier à prix réduit, son nom, son histoire et l'histoire du trois fois assassiné et une fois rôti, publiée après que ce travail sera partout connu, afin que les siècles de fouilles dans les archives de l'humanité puissent nous livrer notre place dans le monde comme dans l'éternité.

Ce travail devra être dans toutes les mains, le jour où il faudra affranchir notre avenir, des conséquences du passé. J'invoque la solidarité de votre propagation mutuelle comme étant un devoir que la conscience nous impose, car cette publicité du silence convient seule à ce travail de conscience, dont la criaillerie amoindrirait le prix.

TERMINAISON

C'est la glorification du dimanche qui est la glorification de notre ignorance; c'est notre ignorance qui glorifie sa démence. C'est notre ignorance qui a imaginé Dieu et qui a endimanché Dieu. La juiverie et le jésuitisme monacal, ne sont donc toujours que la seule et même clique qui nous livre le satanisme avec le nom de Dieu pour masque. C'est une perfidie qui nous a pris au berceau et conduits au tombeau, qui a fait son temps dans l'infamie inconscientifique du jésuitisme clérical, où tous les lépreux sont marchands de bons dieux, tout ce qu'ils vendent et tout ce qu'ils chantent n'est bon qu'à mettre au feu; leur aspect fait peur au respect; leur jactance nous a faits gibiers de potence; leur habit a travesti nos esprits, nous les avons bénis jusqu'à la folie, qu'ils soient maudits jusque dans leur paradis.

Tous les mystères sont surnaturels, et toutes les absurdités sont religieuses. Donc mystère, ab-

surdité et surnaturel ne forment qu'un seul et
même Dieu du mystère de notre pas très sainte
trinité qui divise un seul Dieu en trois personnes
différentes, sans compter la mère du fils de Dieu
qui n'a été dogmatisée et reconnue sainte que
quelques siècles après son entrée en paradis. C'est
une religion d'hypocrisie, de lâcheté et de trahison
qui a eu Judas et la trahison de Saint-Pierre pour
apôtres et pour fondateurs, qui nous en a fait la
livraison, dont tous ceux qui se sont apostolés,
nous sont restés pour successeurs. Car des principes et des sentiments de Jésus on en a fait tout
ce qu'on a voulu : il ne savait ni lire, ni écrire.
Toute leur science est donc en ignorance, et la
vertu de leur manteau est en lambeaux, et la divine souveraineté de notre ignorance aussi. La
dictature de la souveraineté du nom de Dieu est
donc en poussière aussi.

Toutes les monarchies du ciel et de la terre
n'étant ainsi plus vêtues, elles sont parties en danse
dans la décadence. en maudissant tous ceux qui
les ont déchues de ce paradis perdu, qui aujour-
d'hui arpentent la terre comme des anges maudits.
Ce sont donc des théoriciens qui se sont qualifiés
de théologiens et apostolés comme monseignori-
sés en dénaturant toutes les vertus et tous les qua-

lificatifs de leur profession pour nous maudire en
nous bénissant et nous instruire en nous avilissant.

L'Eglise, Dieu et leur surnaturel ont donc toujours assassiné la moralité, la science, la conscience et la raison, mais leur continuelle résurrection finira par opérer notre rédemption. Ils ont
déjà été obligés de retrancher de leur péroraison
les sacrifices humains, les bûchers et les tortures
de l'Inquisition, il ne leur reste maintenant plus
qu'à continuer de sacrifier Dieu sur leurs autels
dans le pas très saint sacrifice de la messe. Ma foi,
tant pis pour lui s'il se laisse toujours faire.

L'évangile du premier dimanche de l'Avent,
selon saint Luc, nous dit que les hommes sèche-
ront de frayeur, avant de voir arriver le règne de
la toute-puissance du fils de Dieu, en grande ma-
jesté sur un nuage pour nous annoncer que son
règne est proche, et nous prouver ainsi qu'il est
assez puissant pour ne plus se laisser faire et pour
nous sauver. Il va d'abord commencer par nous
faire sécher de frayeur, mais comme nous sommes
avertis, n'ayons plus peur. A quoi bon alors sa
rédemption et sa résurrection, et la gloriole de sa
toute bonté et de sa toute-puissance, et de son
amour incarné pour nous sauver, car si plusieurs

morts sont ressuscités avec lui, nous disent les
catéchismes et l'histoire sainte, pour nous rédemptoriser, il pouvait le faire sans obscurcir le
soleil et sans faire trembler la terre et surtout
sans se faire tuer, ni endurer d'être tous les jours
sacrifié sur tous leurs autels par ses assassins.
Cela n'est donc que des fariboles jésuitiques, cabalistiques et apostoliques qui ne relèvent que du
satanisme clérical, monacal et pontifical, qui met
toutes les choses sous faux nom, car ce sont les
mauvais livres qui sont les bons. Ne les appor-
tons pas en confession, si nous ne voulons pas
voir revenir les tortures de l'Inquisition. Ne li-
vrons pas ceux qui sont syllabusés par les curés
aux mouchards de la confession. Si nous ne voulons pas revoir la barbarie des mains jointes,
égorger des innocentes victimes pour abreuver et
sauver nos âmes et plutôt pour nourrir et abreuver ces bandits.

Cruelle, affreuse, horrible et terrible la moralité contre nature que les curés inspirent aux enfants en la défendant. La hiérarchie des préjugés
des traditions parasites qui ont opprimé et obscurci la conscience, et l'expérience de tous les
peuples est en lambeaux. Que l'expérience du
passé nous soit une leçon pour l'avenir !

ÉCLAIRCISSEMENT ET PURIFICATION.

Chaque chose, Dieu et les hommes, n'ont pris naissance que dans leurs substances conscienti-fiques.

L'AGE DU BON DIEU.

Non, ce n'est pas Dieu qui a créé ni formé l'homme : mais c'est au contraire l'homme qui a formé, imaginé et fait exister Dieu, attendu que Dieu n'était pas encore au monde quand l'homme y était déjà. Les dogmes, les paraboles des évê-ques, les évangiles de Jésus, des saints et des apôtres n'ont pas même l'âge du Christ. Ils se sont donc dogmatisés, prélatés comme ils se sont chanoinisés pour surnaturaliser leur ignorance et leur stupide absurdité. Ils ont ridiculisé toutes les saintetés et toutes les croyances en Dieu. Ils ont si bien travaillé qu'ils sont arrivés à nous prouver que toutes les religions ont été imaginées par des imbéciles, prétentieux qui ne sont maintenues, représentées que par des imposteurs. Dieu, et le nom de Dieu et tout ce qu'on attribue à Dieu est insensé, imaginaire, équivoque, mystérieux, pervers et contre nature. Le nom de Dieu n'est que le fruit de l'émanation d'une ignorance bornée à sa fatuité. Dieu et le nom de Dieu n'est qu'une puissance imaginaire désordonnée et contre nature pour servir et abriter toutes les iniquités, qui ne peut ni exister, ni avoir existé. C'est la phénoménalité de notre ignorance qui l'a engendrée. C'est notre ignorance qui fait sa providence. Il nous l'ont endimanchée pour nous la faire adorer : voilà leur divinité et voilà ce qu'ils nous font adorer.

Le nom de Dieu n'est donc qu'un noyau de fonds et de forme imaginaires et surnaturels qui justifie toutes les absurdités et qui abrite tout le fanatisme de la complicité du nom de ce Dieu dans l'œuvre des erreurs de toutes les iniquités de la terre. Donc le nom de Dieu n'est qu'une providence d'artifices, de crimes, de malices, d'erreurs, de terreurs, de misères et de malheurs qui nous fait avoir son nom pour exécuteur, comme étant l'abri, le complice, le promoteur, le recéleur et le chef aussi invisible que fictif du brigandage terrestre, logé et abrité dans le surnaturel de notre ignorance, qui est notre Dieu.

Ils ont surnaturalisé la science de notre ignorance, pour nous faire des divinités avec des absurdités. Toute leur science est un habit d'influence qui a fait trébucher, chanceler et sombrer notre confiance dans leur mendicité.

La religion, cette école de confusion, de vice, de malice et de dissimulation qui a scientifiqué la folie, la confession, ce refuge des pécheurs, des menteurs, des voleurs et des recéleurs où les « mon père bénissez-moi parce que j'ai péché » prélève la part du lion au nom de ce bon Dieu qui leur sert de masque, qu'ils ont fait seigneur et protecteur et bénisseur de toutes nos erreurs et qui livre le ciel à tous les repentis qui se sont dépouillés des biens de la terre en leur faveur, en nous laissant la confusion, la superstition, les malheurs et la folie pour récompenses, qui incorpore nos enfants au berceau et nous les conduit dépouillés au tombeau avec tout le sinistre appareil d'un Dieu crucifié, de la foi ensanglantée, et de la terre maudite, où les larmes des survivants ne s'essuient qu'avec des chants et des pièces de vingt francs, pour prix du ciel, de la vie et de la mort, qui les a faits vermines de Dieu, du ciel, de la terre, et le poison des esprits, en nous laissant la vie, la terre pour vallée de peines et de larmes. C'est donc le catéchisme du crétinisme qui est le poison moral de la raison, qui a trompé la vie et

la mort du Dieu fait homme, et fait exister le fils
de Dieu et les sept péchés capitaux par l'opération
du Saint-Esprit, de tous les anges maudits, de ce
faux Dieu qui a infernalisé les hommes pour nous
vendre son ignorance et agenouiller notre démence et nous la faire payer le prix de notre innocence. Morale mystérieuse, mœurs d'aliénés,
profession anarchique, confusion monarchique,
justice satanique du crime triomphant. L'Église
ne nous a fourni que des saints en plâtre et des
scélérats en miracle ; les rues et les églises en sont
pleines et l'enfer aussi. Il n'y a que les imbéciles
et les criminels repentis qui sont entrés au paradis. Les pauvres d'esprit grelottent encore à la
porte avec le royaume du ciel en poche.

La morale de la juiverie jésuitique que voici
nous dit que la raison du plus fort est toujours la
meilleure. C'est une leçon de perfidie, d'infamie,
et de lâcheté qui nous associe à la complicité de
tous les malheurs du crime triomphant.

C'est une leçon qui assassine le droit, le devoir,
le courage, le cœur, la raison, la conscience et
l'honneur. C'est une leçon qui nous a fait être les
complices et les victimes de toutes les infamies
que les hommes ont commises au nom de Dieu
sur la terre. C'est une leçon de lâcheté qui nous a

faits complices des bûchers et des tortures de la féodalité et de la barbarie modernisée qui a le nom de Dieu pour exécuteur. Voilà où nous a conduits la morale de la soumission au droit du plus fort, qui a satanisé l'humanité et empoisonné la moralité. C'est une école de peur, de malheur qui a les lois du seigneur pour auteurs.

Non, la raison du plus fort n'est pas toujours la meilleure, ni jamais un droit, ce n'est qu'un abus de férocité et de lâcheté que le courage a toujours écrasé. C'est de l'instruction vulgaire, parasite, bornée de déclassés affolés, baroque, contradictoire et désordonnée qui a enfanté les mœurs, les préjugés, les traditions phénoménales et contre nature que la révolution n'a pas su tuer, mais que la réaction ne pourra jamais ressusciter.

C'est une institution de fabulistes déclassés, cupides, qui avec le mirage du salut de nos âmes a conduit toutes les nations aux atrocités du carnage et de la servitude, avec notre ignorance pour flambeau et le nom de Dieu pour drapeau. C'est la sauvagerie de la peur qui nous a conduits dans l'évangile de la terreur, dont celui du premier dimanche de l'Avent, selon Saint-Luc, aurait outrepassé sa mission. Le règne de Dieu serait donc enfin arrivé puisqu'il a même fini d'exister, et que

Satan soit maudit avec lui dans son enfer et jusque dans son paradis.

La vie n'est que l'œuvre de la fermentation d'une multitude d'alambics microbiques de toutes formes, de toutes grandeurs, de toutes grosseurs et de toute essence qui dépendent les uns des autres et se repassent le produit et le résidu de leur distillerie les uns les autres jusqu'à la raffinerie finale qui alimente toutes les formes de sa production jusqu'à la consommation des siècles ou plutôt jusqu'à l'usure finale de la terre qui va finir la distillerie de ses rochers dans les flammes de l'alambic du soleil qui retourne au néant tout ce qu'il a fait sortir du néant.

Les mêmes causes produisent toujours les mêmes effets : sans création, sans rédemption, sans confusion et sans direction. Voilà les règles de la vie et de la mort dont rien et nul n'échappe, règles qui sont l'ordre et le génie qui régissent le ciel et la terre, sans être surnaturelles ni mystérieuses, sans sacrificateur, sans exorciseur, sans rédempteur, sans sauveur, sans seigneur, sans saint ni vierge, ni bénisseur, sans prières, sans disciple ni apôtre, ni messe, ni confesseur et surtout sans ignorance, ni concupiscence, sans erreur, et sans malheur, sans opulence, sans déca-

dence, sans misère, sans vice, sans artifice, sans
mendicité, sans iniquité, sans lâcheté et sans imbécillité. Car quand tout est vérité, rien n'est absurdité, ni phénoménal, pas même la providence du
ciel qui nous éclaire le jour et la nuit, qui nous
fournit tout sans rien nous demander, sans rien
exiger et sans se faire adorer. Le ciel ne reconnaît
et ne bénit que ses produits. Le ciel voilà notre
église, notre temple et notre chapelle de qui nous
faisons partie sans le vouloir et sans le savoir qui
existe de toute éternité.

Sans le savoir, sans le vouloir et sans pouvoir
nous en prévaloir, car il n'y a que les faveurs, les
préférences, les complaisances et les erreurs des
bénisseurs et des menteurs qui nous ont faits gibiers de potence avec opulence et misère, avec
honneur et malheur. Il n'y a donc ni paradis, ni
enfer, ni résurrection de la chair dans la vie éternelle ; il n'y a que que le creuset de la terre qui
analyse, rend et retourne en effets ce qu'il a reçu
en causes, enfanté par les œuvres de chacun selon
l'analyse du registre secret du discernement de la
conscience de chacun qui livre la connaissance
du bien et du mal, sans pouvoir échapper aux
conséquences de l'un ni de l'autre. Car la répartition des satisfactions superficielles et matérielles

ne font pas souvent cause commune avec les satisfactions intellectuelles ou spirituelles qui nous
font heureux ou malheureux selon la mentalité
ou la fatuité des sentiments qui nous animent. Le
paradis et l'enfer sont donc en terre, en chair, en
matière et surtout en nous ; il nous suivent partout et partout la vérité, l'erreur et le mensonge
nous livrent la guerre et nous divisent en sujets,
en nations, en poltrons et en larrons. Mais quand
les cœurs sont versés dans l'honneur, les erreurs
de bonne foi effacent tous les malheurs. Il n'y a
que les vanités des vanités pécuniaires qui nous
divisent en maudits et qui nous chassent de tous
les paradis. L'âme, cette émancipation inconsciente de la fermentation qui n'est que le souffle
du va et vient, du tic-tac de la vie, étant d'essence
impalpable, insaisissable, immatérielle et immor-
telle, est par là même inaccessible aux peines de
la vie et de la mort. Elle est toujours sauvée quand
elle n'habite plus le corps. Les âmes responsables
des corps et les divinités surnaturelles, ce sont les
premiers fabulistes inconscientifiques qui les ont
fait exister ; l'homme a eu le tort de s'en occuper,
il ne peut rien modifier, ni rien dogmatiser sans
être un jour ou l'autre foudroyé.

JUGEMENT DERNIER.

Des fils de la nature faussement attribués au
fils d'un Dieu contre nature et contrefait, contre
tous ceux qui ont été versés et bercés dans les erreurs du paganisme qui est devenu la plaie du ciel,
la lèpre de la terre, le chancre des grands esprits
et la gangrène des peuples, qui ont crétinisé notre
confiance, abusé, avili, trompé, dénaturé, prostitué, corrompu, fanatisé, affolé et satanisé le nom
de Dieu, notre science, notre conscience et notre
bonne foi, ce sont une nuée d'escamoteurs, d'em-
poisonneurs, de désœuvrés, de détraqués et de déclassés contagieux en robe de sacs à charbon qui
ont obscurci le soleil de notre intelligence.

Qu'ils périssent dans la boue et dans les misères, les malheurs et la honte qu'ils ont faits et
voulus pour nous.

SYLLABUS

Toutes les religions sont des superstitions et ne font que des imbéciles, des démons et des larrons.

L'école de la folie, c'est l'école du nom de Dieu.

Le microbe de la folie n'est qu'un insecte religieux.

L'instruction de la raison est intellectuelle et non pas conventionnelle, elle est morale et non pas monacale, elle est sentimentale et non pas cléricale, elle est sensationnelle et non pas superficielle.

Elle n'est ni sodomiste, ni séminariste, ni infernale, ni pontificale, ni jésuitique, ni satanique, ni cabalistique, ni hypocrite.

L'instruction de la raison ne sert, ne reconnaît et n'abrite que la science de l'expérience et du devoir versé, exaucé, sauvé et rédemptorisé uniquement par la prière du travail.

La religion de la raison n'a ni carême, ni cahier, ni carnaval, ni credo, ni croix, ni signe de croix, ni oiseau de proie, ni drapeau, ni dimanche, ni fête, ni sacrificateur, ni critique, ni schismatique, ni excommunié, ni réprouvé, ni oripeaux, ni menteur, ni exorciseur, ni *Kyrie, ni Christ*, ni *pater;* ni *ave maria*, ni *ora pro nobis*, ni artifice, il n'y a pas de Dieu dans le royaume des cieux, ni clique, ni encyclique pour tromper la vie et la mort des innocents et des ignorants : elle n'a pas de corrupteurs, ni de bénisseurs, ni de glorificateurs, ni de prédicateurs, ni d'évangéliseurs, ni de révérends blasphémateurs, ni d'archi-imposteurs, qui ne relèvent plus de la qualité civile; leur immondicité en a fait des réclusionnaires, car ces archi-frelater et archi-mandriter et archi-rouge, noir et blanc qui nous ont fait des dimanches et des fêtes pour toujours nous réempoisonner et nous terroriser pour se faire adorer, voilà les seigneurs qui nous ont barbarisés, anarchisés, lutinés et monarchisés, voilà les seigneurs sectaires qu'il nous faut écraser.

La religion de la raison n'a donc ni disciples, ni apôtres, ni seigneur, ni terreur, ni prêtres, ni vêpres, ni prélat, ni évêque, ni cardinal, ni moine, ni messes, ni évangiles, ni confession, ni profes-

sion, ni confusion, ni superstitions, ni fanatisme,
ni promesse de célibat, ni de frère en Jésus, ni de
femme en Dieu, ni catéchisme, ni église, ni temple, ni chapelle : son seigneur est dans son cœur.
Elle se conforme aux châtiments et à la récompense de la conséquence de ses actes, car châtiments comme récompenses sont toujours de la
valeur et de la mesure des sentiments qui nous
animent. .

Raison, science et conscience, voilà les trois divinités de notre souveraineté qui ne forment
qu'un seul et même Dieu, qui nous suivent dans
l'ombre de notre éternité comme dans notre inconsciente immortalité.

A PROPOS D'ACTUALITÉ

La lettre insolite, maladroite, téméraire et in-conséquente de l'ingérence et de l'ignorance des évêques français dans le domaine de la science, vient de sonner le réveil de l'inquisition anti-française, anti-scientifique, anti-paternelle et anti-patriotique, qui ne relève que d'une insurrection contre les droits moraux de l'enfant et contre le patriotisme national, autant que contre nos liber-tés individuelles.

Non, les multiples religions du premier âge de l'ignorance de nos pères ne peuvent pas rester les religions de leurs fils et de nos fils, parce que la science, la conscience et la raison n'appartien-nent pas à l'éteignoir des syllabus pontificaux, monacaux et cléricaux, qui n'ont que des vertus schismatiques dans le monde, et téméraires dans l'éternité, et ne peuvent pas nous faire marcher à reculons.

Non, la science n'est pas une insurrection ni

contre Dieu, ni contre l'histoire, ni contre la pa-
trie; elle n'est au contraire qu'une révolution
contre l'ignorance et contre l'immoralité homicide et incestueuse des pratiques religieuses; elle
n'est qu'une révolution contre les erreurs et le fanatisme des superstitions de nos pères.

Non, la religion n'est pas une neutralité, elle
est au contraire une arme empoisonnée qui tue la
neutralité, la moralité et la liberté.

Non, l'école n'est pas libre quand elle est dirigée par des esclaves hypnotisés et déguisés, elle
n'est qu'un faux nom qui abrite la gangrène des
congrégations, qui trompe la bonne foi, la crédu-
lité et la naïveté de l'innocence dans le guet-apens
du nom de Dieu.

La protestation des évêques au nom des pères
de familles, n'est donc qu'une imprudence inconsciente, insolite, téméraire et homicide, qui
voudrait être spirituelle pour remplacer la raison
par de la superstition, pour célébrer les louanges
de ce Dieu insensé, monstrueux et phénoménal
qui aurait criminalisé le monde pour se faire adorer, qui aurait évangélisé le monde pour abriter
les lâches, les menteurs, les voleurs et les imposteurs, afin de fabuliser l'histoire du paganisme et
celle du moyen-âge par le chancre anti-social,

anti-moral, anti-historique et anti-scientifique,
qui veut contrôler, critiquer et falsifier l'histoire
de la révolution de tous les peuples par la corruption c s peuples. Le voilà ce poison libre que
nous devons chasser des écoles libres, qui n'est
qu'une infamie libre et une corruption libre.

L'épiscopat pontifical, 'latin et romain qui a
voulu critiquer l'histoire de la révolution de nos
pères, ne s'est pas aperçu qu'il introduisait sa
maladresse à faire aussi contrôler l'immoralité de
toute son histoire sainte fourbie dans le ramassis
des aventures des mirages à double sens, à double
forme et à double fonds pour nous faire des illusions qui captivent la naïveté et l'égoïsme des esprits superficiels, qui convoitent le ciel à prix réduit en versant entre les mains de ces bandits le
prix du paradis qui nous laissent attachés comme
des ânes sur la terre, pour avoir voulu des âmes à
sauver dans le ciel, erreurs et mensonges phénoménaux des superstitions et du fanatisme de tous
les âges et de tous les peuples qui ont ensanglanté
l'humanité, atrocité que la société civile laisse enseigner dans les catéchismes et clandestinement
dans les écoles libres, au préjudice de la neutralité
et de la moralité que les parents doivent à leurs
enfants.

Ils ont voulu inspecter nos écoles, nous avons
le droit et le devoir de désinfecter les leurs. Le
surnaturel fait leur clientèle et ils nous font du
mystérieux pour nous faire de l'amour de Dieu.
Ce sont des camelots athées anti-religieux et re-
pris de conscience qui ne dépendent que du monopole de l'obscurantisme. Ils ne relèvent plus de
la société civile. Leurs mœurs clandestines, leurs
théories et leurs statues contre-nature en ont fait
des réclusionnaires pestiférés que nous devons
isoler dans les asiles coloniaux d'aliénés.

Les Syllabus de l'Église ont retranché la
science, la conscience et la raison de leur corps;
c'est à nous de voir maintenant si nous devons
garder ces corps étrangers dans notre société. Les
superstitions et les pratiques cabalistiques des religions ne sont que des corps étrangers à la
science de l'enseignement philosophique; ces
choses-là ne sont libres que pour faire des sots et
amuser des badauds des sciences occultes qui en
aucun cas ne peuvent être revêtues du caractère
de respect qui appartient à la science de l'histoire
civile; c'est l'État qui est la paternité responsable
de la famille nationale et du patriotisme unique
et universel qui nous fraternise jusque dans l'éternité et nous laisse l'amour individuel pour patrio-

tisme particulier, sans amour du ciel et sans aucun droit de jambage sur la terre.

Non, l'enseignement n'est pas le monopole des pères jésuites, ni des pères de familles, il n'est pas à la merci des seigneurs. La paternité, c'est la sensualité. La vérité, c'est la neutralité. La sainteté, c'est l'imbécillité. L'enseignement pernicieux, c'est l'enseignement religieux. La science, c'est la conscience. Toutes les sciences homicides sont parasites. Toutes les croyances occultes sont arbitraires, éphémères et réactionnaires.

Le satanisme pris à son piège n'a donc plus ni ailes, ni bec, ni dents, ni griffes; il est à l'agonie, il fait bien encore barboter le couvercle de ses marmites, mais il ne gigote plus, il râle bien encore, mais il ne mord plus. Il en est à ses dernières flammes de folie pour assister les dernières convulsions de tous les partis-pris.

La dictature des évêques insolite, homicide, parasite et fratricide du Vatican et de Satan, réfractaire à tous les progrès, est incompatible avec la science de la conscience guidée par la sagesse de la raison dans les voies de la vérité philosophique absolue, n'intimidera ni paternité, ni filialité. Leur minorité ergotique les obligera à se soumettre ou à se démettre.

Il y a, en un demi-siècle, quatre renvois codi-
cillés :

Celui de 1852 ;

Celui de 1869 ;

Celui de 1876 :

et

Celui de 1902,

pour le réveil de notre somnambulisme, qui se—
ront publiés avec l'histoire du trois fois assassiné
et une fois rôti.

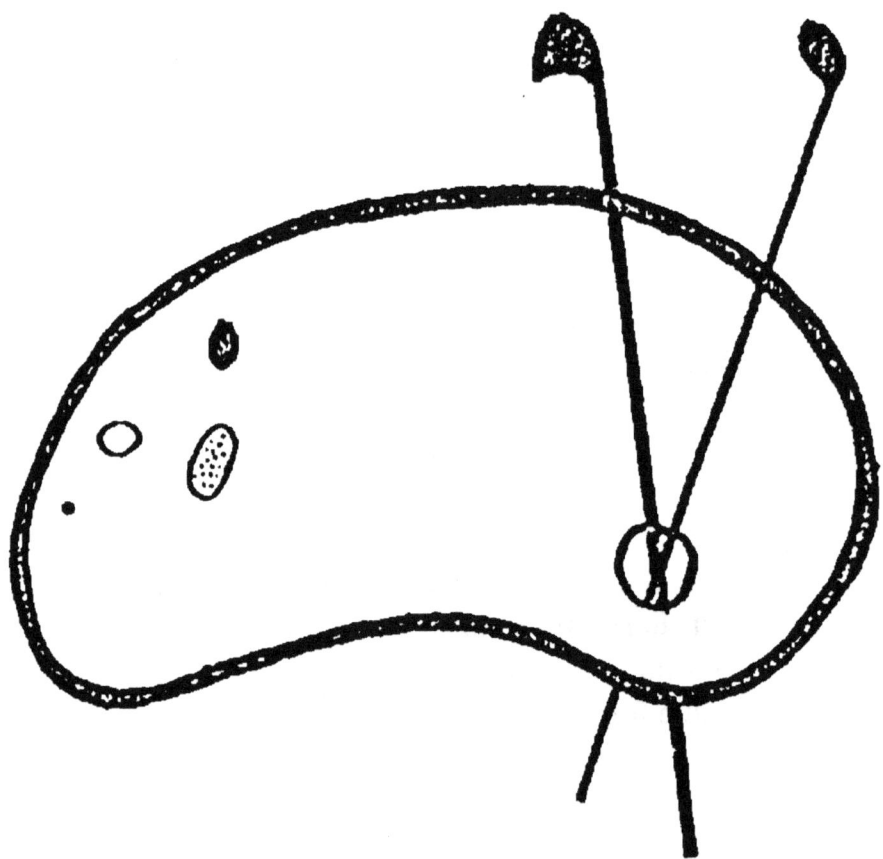

ORIGINAL EN COULEUR

NF Z 43-120-8

www.ingramcontent.com/pod-product-compliance
Lightning Source LLC
Chambersburg PA
CBHW072031080426
42733CB00010B/1847